Knaur
MensSana

Über den Autor:

Gregg Krech ist Leiter des ToDo-Instituts, eines spirituellen Zentrums in Vermont, USA, Vorsitzender von »Constructive Living« in den USA und Japan und Autor zahlreicher Bücher zur geistig-körperlichen Gesundheit.

Gregg Krech

Die Kraft der Dankbarkeit

Das Praxisbuch für innere Zufriedenheit

Aus dem Amerikanischen
von Detlev Bölter

Knaur
MensSana

Die amerikanische Originalausgabe erschien 2002 unter dem Titel
Naikan, Gratitude, Grace and the Japanese Art of Self-Reflection
bei Stone Bridge Press; P.O. Box 8208,
Berkeley, CA 94707, U.S.A.

Besuchen Sie uns im Internet: www.droemer-knaur.de
Alle Titel aus dem Bereich MensSana finden Sie im Internet unter
www.knaur-mens-sana.de

Vollständige Taschenbuchausgabe Juli 2007
Knaur Taschenbuch. Ein Unternehmen der Droemerschen Verlagsanstalt
Th. Knaur Nachf. GmbH & Co. KG, München

Umschlaggestaltung: ZERO Werbeagentur, München
Umschlagabbildung: FinePic, München
Satz: Adobe InDesign im Verlag
Druck und Bindung: GGP Media GmbH, Pößneck
Printed in Germany
ISBN 978-3-426-87350-2

2 4 5 3 1

»Das ungeprüfte Leben ist nicht lebenswert.«

SOKRATES

Meinen Eltern Ted und Michelle gewidmet,
die mich aus dem Nichts in diese Welt brachten,
sowie meinen Lehrerinnen und Lehrern,
Reverend Kenryu Tsuji, Reverend Shue Usami,
Kinuko Yoshimoto, Akira Ishii Sensei,
Masahiro Nagashima Sensei und David K. Reynolds,
die mich auf meinem Weg zurück begleiten.

Inhalt

Vorwort zur deutschen Ausgabe

Welche Wirkung Naikan auf mich ausübte, war für meine Frau damals, nach meinen Naikan-Seminaren, mühelos ersichtlich. Auch aus den Erfahrungsberichten von Freundinnen und Freunden wusste sie einiges darüber, doch erst als ich sie bat, die Übersetzung dieses Buches durchzusehen, spürte sie selbst die Kraft des Naikan. Sie bedankte sich bei ihrer Chefin für das Weihnachtsgeld, das sie bisher für selbstverständlich genommen hatte; ihrer Mutter schickte sie eine lange E-Mail als Dank für die Weihnachtsplätzchen, die – selbstverständlich – wie jedes Jahr bei uns eintrafen, und ein Schuhverkäufer erhielt ein Extra-Dankeschön für seine kompetente Beratung. Zu der Einsicht, solche Dinge nicht mehr als selbstverständliche Gegebenheit anzusehen, sondern als tatsächlich *gegeben,* gesellte sich ihre Erfahrung, was es bei anderen auslöst, wenn man sich aufmerksam bedankt.

In dieser Zeit, innerlich ganz mit dem Buch beschäftigt und wieder einmal von Naikan angeregt, suchte ich in einem Baumarkt einen bestimmten Ständer für unser neues Vogelhäuschen. Eine Verkäuferin half mir, und wir durchquerten suchend die ganze Halle; der Ständer war jedoch nicht aufzutreiben. Ich ließ meine Enttäuschung beiseite und bedankte mich abschließend für ihr Bemühen und die Beratung, und sie antwortete abwehrend: »Bitte, das ist doch selbstverständlich!« Aber ihre Augen sagten noch etwas anderes.

Wieder zu Hause angekommen, setzte ich mich vor meinen Computer, freute mich auf weitere Stunden mit diesem Buch, das den weiten Weg aus den USA zu mir gefunden hatte, und darauf, den Gedankengängen dieses mir ansonsten unbekannten Menschen Gregg Krech folgen zu dürfen, und ich schickte ein stilles Dankeschön an diejenigen, die diesen wunderbar großen, hellen Flachbildschirm gebaut hatten, der meine Augen viel weniger ermüdet als mein alter Röhrenmonitor.

Wir sind beim Thema dieses Buches angelangt, bei Dankbarkeit in einer ganz besonderen Form, die es erlaubt, Demut zu empfinden und dabei aufrecht zu stehen, uns weich und kraftvoll zugleich zu fühlen und mit Freude im Herzen auf die Welt zu schauen.

Das Thema »Dankbarkeit« nimmt in diesem Buch, stärker als in anderen Publikationen zu Naikan, einen breiten Raum ein. Einer der Gründe hierfür mag darin liegen, dass der Autor Anhänger des »Reinen-Land«-Buddhismus ist, einer buddhistischen Schule, die sich neben der Selbsterkenntnis stark an Glauben und Hingabe an eine höhere Macht orientiert, durchaus mit Parallelen zum christlichen Glauben.

Erinnern wir uns, wie oft wir oberflächlich danken, ohne tatsächlich Dank zu empfinden, sei es bei formelhaft gesprochenen Tischgebeten oder wenn wir auf die Frage »Wie geht's?« mit »Danke, gut!« antworten.

Danken hat keinen Selbstzweck und ist sowohl als Floskel wie auch in der Absicht, etwa tugendhaft zu handeln, bedeutungslos. Echtes Danksagen wird aus dem Herzen, aus der Erkenntnis der Verbundenheit geboren und ist dann selbstverständlich, wenn man endlich den Standpunkt aufgibt, ein gesondertes Individuum zu sein. Dank darf niemals erstarren in einer Formel, die man einem Aspekt oder Objekt der Außenwelt widmet, sonst verfällt man leicht wieder dem Irrtum, von diesen Aspekten oder Objekten getrennt zu sein. Wenn Gregg Krech also in diesem Buch das zunächst etwas seltsam anmutende Beispiel nennt, unseren Socken zu danken, dann dürfen wir das nicht vordergründig sehen. Es geht nicht um die Socken als Objekte. Es ist die Verbundenheit mit allem, die wir im Naikan erkennen und die sich in unseren Socken nur spiegelt. Wir entdecken diese Verbundenheit *hinter* den »Dingen« oder Ereignissen, und wenn wir genauer hinsehen, gebührt unser Dank nicht einmal der Verbundenheit mit allem, denn sie ist schlichte Realität, ohne die das Leben nicht möglich wäre – »nichts Besonderes«, wie ein Zen-Buddhist sagen würde. Wofür wir lernen, dankbar zu sein, ist die *Entdeckung*, die *Erkenntnis* dieser Verbundenheit, denn was uns im Naikan verändert, ist ebendiese Erkenntnis der Verbundenheit und unserer Geborgenheit im Ganzen. So gesehen, ist Dankbarkeit nicht mehr und nicht weniger als die Würdigung des großen, unteilbaren Lebens und des Wandels der Dinge.

Im Naikan prüfen wir mittels einer sehr einfachen und doch herausfordernden Methode, in welcher Beziehung wir zur Welt stehen. Alles, was Naikan in uns bewirkt, sei es die wachsende Dankbarkeit, die Versöhnung mit anderen Menschen oder eine spirituelle Weite und neue Kraft – jeder findet im Naikan seinen besonderen Schatz –, all das entsteht durch die Betrachtung unserer Beziehungen. Wir denken, wir kennen unsere Beziehungen? Wir haben schließlich viele Jahre mit Mutter, Vater, Geschwistern und Partnerin oder Partner verbracht, also sollte uns kaum etwas besser vertraut sein als die Beziehung zu diesen Menschen. Weit gefehlt! Es gibt kaum etwas, über das wir uns mehr im Irrtum befinden.
Denken wir an eine Beziehung, dann meinen wir in der Regel

die »feste« Beziehung zu einer Partnerin oder einem Partner. Auch wenn wir diese Beziehung vielleicht als die wichtigste in unserem Leben ansehen, fällt es uns oft erstaunlich schwer, in klare Worte zu fassen, was wir eigentlich darunter verstehen. Auf jeden Fall ist sie scheinbar etwas grundsätzlich anderes als die flüchtige Beziehung zu einem Schuhverkäufer, zu einer Verkäuferin im Baumarkt oder zu einem Monitor.

Eine Liebesbeziehung ist für uns ein sehr komplexes Etwas, das aus Verhaltensweisen, Lebensgeschichten, Gefühlen, Wünschen und Vorstellungen zusammengesetzt ist. Allerdings scheint es manchmal zwei Beziehungen zu geben, die von mir zu meiner Partnerin und die von ihr zu mir, denn wir beide werden die Beziehung vermutlich unterschiedlich beschreiben. Damit haben wir es mit einem noch komplexeren Konzept zu tun, denn jetzt ist die Beziehung außerdem etwas, das sich aus meiner Vorstellung darüber und der Vorstellung der anderen zusammensetzt. Wenn wir sagen, wir kennen unsere Beziehungen: Können wir sie objektiv beschreiben, oder ist Beziehung immer etwas Subjektives? Und was ist unser Ziel, wenn wir unsere Beziehungen besser leben wollen?

Unsere Antworten sind gewöhnlich genauso abstrakt oder diffus wie das, was wir unter Beziehung allgemein verstehen. Ich zitiere aus einschlägigen Publikationen: »Für eine Partnerschaft ist es wichtig, klar zwischen den Identitäten der Einzelnen unterscheiden zu können.« Oder: »Die Reibungsflächen sollten sich vermindern, die durch die verschiedenen Sichtweisen entstehen.« Oder: »Zentrales Ziel bleibt es, mit Hilfe seiner eigenen Fähigkeiten wieder durchzublicken, wieder eigene Entscheidungen zu treffen, sein Lebensschiff wieder verantwortlich steuern zu lernen« und so weiter – Sie kennen derartige Zitate über eine »funktionierende« Beziehung – es sind nichts weiter als neue Vorstellungen. Paartherapien, die sich mit den Lebens-

geschichten von beiden Partnern und allen Beziehungsebenen befassen, dauern entsprechend lange.
In der Regel machen wir gern unsere Partnerin bzw. unseren Partner dafür verantwortlich, wenn die Beziehung nicht funktioniert. Steigert sich ein Beziehungsproblem bis zum offenen Streit oder bis zum Gespräch bei einer Beraterin, dann können wir gut beobachten, was wir alles auf unserem Konto der Vorwürfe, des Ärgers, des Sich-nicht-verstanden-Fühlens und der Enttäuschung angesammelt haben und vortragen. Und wir reagieren häufig mit Unverständnis, wenn der andere sein eigenes Konto dagegenhält.
Es heißt, dass eine gute Beziehung zu einem Partner oder einer Partnerin das Schwierigste auf der Welt sei. Doch diese Aussage geht am Wesentlichen vorbei, denn die Schwierigkeit liegt nicht in der Beziehung – sie ist nur eine Vorstellung, die wir uns gebildet haben. Das eigentlich Schwierige scheint zu sein, über uns selbst nachzudenken, unsere Aufmerksamkeit auf unser Verhalten und seine Folgen zu lenken, unsere Vorstellungen über uns selbst und andere zu verändern und unseren Wünschen und Erwartungen auf die Spur zu kommen, wie sich die Welt uns gegenüber verhalten sollte. So gesehen, bestünde das Problem darin, uns aus dem komplexen Ganzen einer Beziehung oder besser, uns aus dem Bild, das wir davon aufgebaut haben, wieder herauszulösen und mit der Verantwortung für unser Leben – und eben auch für die Beziehung – ganz bei uns selbst zu bleiben.
Außer dieser besonderen Beziehung zu einem Lebenspartner, einer Lebenspartnerin gibt es noch die zu Eltern, Verwandten, Kindern, Freundinnen und Freunden, Geschäftspartnern und Kollegen, und wenn wir genau hinsehen, dann stehen wir zu allem um uns herum in ständiger Beziehung. Darin eingeschlossen sind alle Menschen, denen wir begegnen, alle Lebe-

wesen und auch die Dinge – selbst wenn diese uns nicht mit Gefühlen begegnen, so geben sie uns doch eine umso klarere Antwort darauf, wie wir mit ihnen umgehen. Wäre es dann nicht sinnvoll, dass ich mich nicht nur auf meine Liebesbeziehung beschränke, sondern mich frage, welche Form von Beziehung ich grundsätzlich zur Welt einnehme?

Vielleicht haben Sie sich bei dem Gedanken ertappt, dass doch der oder die andere, Ihr Gegenüber in der Beziehung, nicht dankbar genug ist für das, was Sie tun und geben. Vielleicht haben Sie dieses Buch ja gekauft, um es jemandem zu schenken, der Ihrer Meinung nach undankbar ist. Das ist in Ordnung, aber lesen Sie es vorher selbst.

Sie werden hier keine jener Anleitungen finden, wie man besser mit seinem Partner kommuniziert, wie man lernt, der anderen zuzuhören oder wie man sich »konstruktiv streitet«. Sie werden auch keine neue Definition von Beziehung finden, aber Sie werden erfahren, wie wir unsere tatsächliche Beziehung zu allem um uns herum von den Wurzeln her anders gestalten können, und diese Wurzeln liegen ausschließlich in uns selbst. Es gibt Dinge in unseren Beziehungen, die wir bisher nicht wahrgenommen oder zumindest nicht ausreichend gewürdigt haben, Dinge, zu denen wir keinen Zugang gefunden haben, da wir nicht bereit waren, ihnen Aufmerksamkeit zu schenken. Wir haben uns in einen Kokon gehüllt, der unserem Selbstbild und unserer Sicht der Dinge dient und der letztlich dazu führt, dass wir die Tatsachen kaum noch wahrnehmen können – nämlich das, was sich in unseren Beziehungen wirklich abspielt.

Naikan, eine Methode der Selbstreflexion, ist ein Weg, diesen Kokon zu verlassen und den Blick für die Tatsachen unserer Beziehungen freizulegen. Es ist ein radikaler Weg, der eine andere Betrachtung der Welt ermöglicht, als sie die Brille unseres

Selbst bisher vermittelt hat. Naikan ist ein Weg, auf dem sich unsere westliche Individualisierung, unsere »Selbstverwirklichung« als etwas erweist, das zu mehr Getrenntsein und zu Problemen mit allem führt, zu dem wir in Beziehung stehen – und wir stehen in jeder Sekunde unseres Lebens in Beziehung. Im Naikan untersuchen wir die Fakten des vergangenen und gegenwärtigen Geschehens und nicht, wie wir das Geschehen persönlich beurteilen oder emotional darauf reagieren. Im Naikan erfahren wir, was wir faktisch getan haben, was wir bekommen und welche Probleme wir verursacht haben, und zwar nicht auf der Basis unserer Meinung, unserer Gefühle oder unserer Schlussfolgerungen, sondern anhand des tatsächlichen Geschehens.

Über Vorstellungen lässt sich trefflich streiten, nicht aber über das reale Geschehen. Wenn Sie Naikan praktizieren und erfahren, wie sehr Ihnen Ihre Vorstellungen bisher im Wege gestanden haben, werden Sie kaum noch Anlass sehen, einen Streit vom Zaun zu brechen. Und Sie werden in diesem Buch eine Menge darüber erfahren, wie wir all das, was wir auf Grund unserer Vorstellungen anderen Menschen oder dem Schicksal anlasten, und das, woran es uns mangelt, ersetzen können durch Dankbarkeit für das, was da ist.

Die Quelle unserer Kraft liegt nicht in uns, sondern in unserer grenzenlosen Verbundenheit mit der Welt. Diese Verbundenheit nährt und stärkt uns, wir erfahren sie im Naikan, und wir nehmen sie dankbar an. Wenn Sie diese besondere Dankbarkeit erfahren, die durch Naikan in Ihnen entsteht, werden Sie neue Kräfte spüren, in sich und in Ihrer Umgebung. Es sind Kräfte besonderer Art, keine Fähigkeiten, die man in sich selbst entwickelt und auch nicht solche, die sich in politischen oder ökonomischen Leitideen einer »besseren Welt«, des Wirtschaftswachstums oder in der Ichstärke des Einzelindividuums abbilden. Die Kraft der Dankbarkeit, die Naikan meint, ist nichts anderes als die Kraft des Mitgefühls und der Liebe.

Naikan fand Mitte der achtziger Jahre von Japan aus, wo es eine der Standardmethoden der Psychotherapie darstellt, seinen Weg nach Europa und in die USA. Gregg Krech gibt in seinem Buch eine gründliche Einführung in diese andere Sicht- und Lebensweise, die durch Naikan entsteht. Das Buch ist umso bemerkenswerter, als Naikan als Methode sehr einfach ist – seine Grundprinzipien ließen sich in wenigen Sätzen darstellen. Es ist dem Autor jedoch wichtig, anhand vieler Beispiele, Übungsmethoden, Zitate und Geschichten einen Vorgeschmack dessen zu bieten, was die Praxis des Naikan bedeutet und welche Folgen diese Praxis für uns hat.

Als Methode ist Naikan einfach – nur in seinen Voraussetzungen ist es anspruchsvoll: Wir müssen bereit sein, mit Veränderungen bei uns selbst zu beginnen, und wir sollten Naikan nicht nur als Methode, sondern als Weg betrachten – und das bedeutet beständiges Üben. Hierzu bietet uns das Leben in jedem Moment Gelegenheit, und Gregg Krech präsentiert uns eine Fülle von Anregungen aus dem Alltag – beispielsweise indem er unsere Aufmerksamkeit darauf lenkt, was es bedeutet, eine Pizza zu bestellen und herauszufinden, was eine Pizza eigentlich ist und was sie mit der Liebe zu tun hat, die die Welt uns bietet.

Eines der Hauptmerkmale des Naikan besteht darin, dass es uns befähigt, unsere Aufmerksamkeit zu erweitern und uns selbst aus dem Blickwinkel anderer zu sehen. Wenn uns das gelingt, dann entwickeln wir auf ganz natürliche Weise Mitgefühl für andere. Es gehört zur Einfachheit von Naikan, dass es keinerlei Bezug nimmt auf Persönlichkeitstheorien, auf Weltbilder oder religiöse Traditionen, aber darin, dass es zu natürlichem Mitgefühl führt, erkennen wir seinen Ursprung im Buddhismus. Da-

mit dient Naikan nicht nur dazu, Beziehungen zu anderen neu zu sehen, sondern auch zum Heilwerden der inneren Welt. Wir erfahren, dass Naikan über seinen Nutzen als Lebenshilfe oder Therapie hinausgehen und zum Beginn eines spirituellen Weges werden kann.
Viele Naikan-Praktizierende würden nicht so weit gehen, Naikan als Beginn oder Erweiterung ihres spirituellen Weges anzusehen. Für sie ist bereits die Aussöhnung mit wichtigen Personen ein Erlebnis großer Tragweite und eine wahrhafte Erlösung, endlich Dank gegenüber Menschen empfinden zu können, die bisher als Hindernisse auf dem Lebensweg wahrgenommen wurden.
Andere möchten weiter gehen, für sie ist Naikan ein Abschnitt auf dem Weg des Erwachens, es öffnet den Weg zu Mystik und Zen, weist aber nur in die Richtung und überlässt uns die Entscheidung. Die drei Naikan-Fragen klären Aspekte des diesseitigen Lebens – Zen beraubt uns unserer Kleider, Naikan reinigt sie. Unsere bisherigen Vorstellungen über uns und unsere Umwelt und Bezugspersonen werden im Naikan grundlegend verändert, wir erkennen, dass wir unsere innere Welt selbst hergestellt haben und dass wir sie und damit uns selbst verändern können.

Dieses Buch erfüllt einen doppelten Zweck. Menschen, die sich für Naikan interessieren und eine Annäherung suchen, vermittelt es eine große Anzahl an Übungsbeispielen. Da Gregg Krech viele persönliche Erfahrungen mitteilt, bekommen die Leserinnen und Leser auch einen ausgezeichneten Eindruck davon, welche Veränderungen der Persönlichkeit Naikan ermöglicht. Um ein Verständnis für die Wirkung von Naikan zu entwickeln, ist es sehr zu empfehlen, die Übungen in diesem Buch nicht nur zu lesen, sondern sie tatsächlich durchzuführen und sich Naikan auf diese Weise selbst zu erschließen. Und schließlich kann und soll das Buch auf die klassische Form des Naikan neugierig machen: das einwöchige Retreat, dessen Intensität und Tiefe einen bedeutenden Veränderungsprozess ermöglichen. Mit Naikan-Zentren in Deutschland, Osterreich und der Schweiz besitzen wir in Europa ein dichteres Netz an Übungsstätten und damit mehr Möglichkeiten für ein Naikan-Retreat als das Heimatland des Autors, die USA, sie bietet. Im Anhang finden Sie die Anschriften europäischer Naikan-Zentren.

Viele, die bereits eine oder mehrere Wochen in einem Naikan-Zentrum praktizierten, haben konkrete Anleitungen, Naikan im Alltag weiterzuüben, vermisst. Dies ist der zweite Grund, weshalb ich dieses Buch begrüße. Die zahlreichen Übungen erneuern die Naikan-Erfahrung oder halten sie lebendig, und wir finden darin Praxisbeispiele aufgezeigt, welche die Inhalte der Naikan-Woche erweitern und uns helfen, Naikan im täglichen Leben zu verankern und immer wieder die Verbundenheit und Übereinstimmung mit etwas zu finden, das größer ist als wir selbst. Ishin Yoshimoto hat Naikan als Weg für alle Menschen geschaffen. Danke für deine Kraft, Yoshimoto-san! Ich bin dir nie begegnet, aber ich weiß, du würdest diesen Dank nicht bei dir behalten.

Detlev Bölter

Vorwort

Im Jahre 1991 erschien ein Film, *Defending Your Life (Rendezvous im Jenseits)*, mit Albert Brooks and Meryl Streep. Die Handlung kreist um verschiedene Charaktere, die sich nach ihrem Tod in einer Art Zwischenstation wiederfinden, wo eine Entscheidung über ihre weitere Zukunft getroffen wird. Dieser Ort ist wie ein Kurort angelegt, mit allem Komfort. Den Menschen werden – wie im Kino – Höhepunkte ihres Lebens vorgeführt, wobei sie aufgefordert werden, ihre Handlungsweise und die getroffene Entscheidung in der jeweiligen Lebenssituation nachträglich zu begründen, woraufhin über ihr weiteres Schicksal entschieden wird. Sie müssen entweder zur Erde zurück, um es noch einmal zu versuchen, oder sie steigen, wenn ihr Leben insgesamt löblich verlief, zu einer höheren Daseinsform auf.

Am interessantesten an diesem Film fand ich die Vorstellung, zurückzugehen und das eigene Leben zu betrachten. Im Jahre 1989 erhielt ich erstmals die Gelegenheit, genau das zu tun, und zwar in einem Zentrum inmitten der Reisfelder des ländlichen Japan. Es handelte sich um ein Naikan-Zentrum.

Das Wort *naikan* bedeutet wörtlich »nach innen schauen«. Ich blieb zwei Wochen in diesem Zentrum und verbrachte etwa fünfzehn Stunden täglich damit, mir die Filme meines Lebens anzuschauen, die vor meinem inneren Auge abliefen. Vor dieser Erfahrung hatte ich bereits Dutzende von Retreats und spirituellen Zusammenkünften hinter mir. Mindestens eine Woche pro Jahr war ich allein in der Wildnis unterwegs, nur um in Ruhe die Natur zu genießen, und ich hatte tage- und sogar wochenlang in Wäldern und Zenklöstern meditiert. Doch bis dahin war ich noch nie einen Schritt von meinem eigenen Leben zurückgetreten, um mir einfach nur anzusehen, wie ich bisher gelebt hatte.

Der Ablauf im Naikan-Zentrum war sehr strukturiert. Ich betrachtete die Beziehungen zu fast allen Menschen, die eine entscheidende Rolle in meinem Leben spielten oder gespielt hatten, und zwar unter drei Aspekten: *Was habe ich von dieser Person bekommen? Was habe ich dieser Person gegeben? Welche Schwierigkeiten habe ich ihr bereitet?* Ich saß auf einem japanischen Sitzkissen einer kahlen Wand gegenüber; äußere Ablenkungen wurden vermieden. Abgesehen von der Zeit, in der ich aß, schlief oder mich im Bad aufhielt, tat ich in den zwei Wochen kaum etwas anderes. In gewisser Weise ähnelte ich jenen Figuren im Film, außer dass ich – glücklicherweise – die Gelegenheit zu dieser Rückschau noch zu Lebzeiten erhielt.

Während meiner Zeit im Naikan-Zentrum tauchten Zweifel auf. Warum Zeit mit der Rückschau in meine Vergangenheit verbringen, wenn es doch so vieles zu erledigen gab? Warum Zeit damit verbringen, über die Probleme nachzusinnen, die ich anderen bereitet hatte, wenn ich mich doch schon immer bemüht hatte, ein guter Mensch zu sein? War Naikan nicht etwas für andere, die selbstsüchtig waren und ohne nachzudenken ihren Freundinnen und Freunden, ihrer Familie und der Gesellschaft Probleme bereiteten? War es nicht eher etwas für Menschen, die ungelöste Kindheitsprobleme mit sich herumschleppten? War es nicht eigentlich für jene gedacht, die eine negative Einstellung zum Leben hatten? Was sollte ich hier eigentlich?

Ungeachtet meiner ständigen Fragen und Zweifel verbrachte ich beharrlich jeden Tag mit der Rückschau auf meine persönliche Geschichte, so weit ich mich erinnern konnte. Mit der Zeit begann ich das Faszinierende und gleichzeitig Unbequeme an Naikan zu verstehen. Naikan ist eine Selbstprüfung, was bedeutet, dass wir unser eigenes Leben untersuchen, nicht das Handeln anderer. Wie oft vergeuden wir unsere Energie damit, andere zu beurteilen, zu kritisieren und zu korrigieren, und vernachlässigen die Untersuchung unseres eigenen Lebens und seiner Lektionen? Wir können die Erfahrungswelten anderer niemals ganz verstehen, wir sind nur mit unserer eigenen inneren Welt vertraut. Wir besitzen kaum Einfluss darauf, wie andere uns begegnen, sondern nur darauf, wie wir uns anderen gegenüber verhalten. Und wenn wir andere drängen, unsere Ratschläge in Bezug auf ihr Leben zu befolgen, ist das in der Regel zwecklos. Nur das, was wir tun und wie wir leben, unterliegt Tag für Tag, Augenblick für Augenblick unserer Entscheidung. Die Prüfung des eigenen Lebens ist nicht unbedingt angenehm, doch sie ist zutiefst sinnvoll.

Naikan wurde ursprünglich von einem Japaner namens Ishin Yoshimoto (1916–1988) entwickelt. Es beruht auf einer strengen und entsagungsvollen Methode der Selbstprüfung, die *mishirabe* genannt wird, und hat seine Wurzeln in bestimmten Vorstellungen und Prinzipien des »Reinen-Land«-Buddhismus. Diese Form des Buddhismus misst dem Glauben mehr Gewicht bei als dem eigenen Bemühen und basiert auf zwei wesentlichen Grundlagen: erstens, dass das Leben uns grenzenloses Mitgefühl schenkt, und zweitens, dass unsere Handlungen und Gedanken von Selbstbezogenheit gesteuert werden.

Die Quelle jenes Mitgefühls ist nicht Buddha oder Gott (obwohl es letztlich so verstanden werden kann), sondern sie liegt in den alltäglichen Bemühungen anderer, uns zu unterstützen und für uns zu sorgen. Durch eine intensive und auf die Tatsachen bezogene Prüfung unseres Lebens können wir eine natürliche und tiefe Dankbarkeit dafür entwickeln, welche Gaben wir von anderen erhalten – Gaben, die stets dargeboten werden, aber von uns bislang unbemerkt und ungeschätzt bleiben. Wie könnten wir ohne die Fürsorge anderer leben? Das Leben blüht vor unseren Augen – wir brauchen nur das Bewusstsein dafür zu entwickeln. Das Wertvolle an Naikan ist, dass wir Freude, Wertschätzung und Dankbarkeit erleben. Wir erkennen, wie viel wir vom Leben empfangen haben, und wir erkennen die zahllosen Weisen, wie wir geliebt und umsorgt wurden. Ungeachtet unseres Versagens, versagt sich das Leben uns nicht, ungeachtet unserer Fehler trägt uns das wirkliche Leben.

Viele Menschen erleben ein Naikan-Retreat als tiefgreifende und lebensverändernde Erfahrung. Es bietet eine solide Grundlage für das Erlernen der Selbstreflexion, für das, was sie beinhaltet, und wie sie durchgeführt wird. Diese Grunderfahrung muss in der Folgezeit durch regelmäßige Übung gefestigt werden, sonst verblasst sie und schwindet aus unserem Bewusstsein. Hierin ähnelt Naikan dem Yoga, der Meditation oder dem Gebet. Erst die beständige Übung düngt die einmal gesäte Saat und erlaubt ihr zu wachsen.

Ich möchte Ihnen in diesem Buch die grundlegende Praxis des Naikan vorstellen, das, was unter Selbstreflexion zu verstehen ist, welche Folgen sich daraus ergeben und wie Sie diese Methoden und Konzepte in Ihrem Leben nutzen können. Ich zeige Ihnen verschiedene Wege, sich mit Naikan vertraut zu machen – durch Abhandlungen, Gedichte, Geschichten, Zitate und persönliche Erfahrungsberichte (von mir und anderen). Wenn Sie all das lesen, lassen Sie sich bitte von der vorgeblichen Einfachheit der Methode nicht täuschen. Naikan scheint simpel zu sein, aber es ist nicht einfach durchzuführen. Naikan kommt zwar aus Japan, gründet aber fest in unser aller Wirklichkeit und der allgemeinen Natur der Menschen. Es scheint nur an der Oberfläche anzusetzen, aber es vermag innere Schichten abzutragen und bisher verborgene Tatsachen freizulegen. Es erweckt Freude, vermischt mit Schuld, Vertrauen, getrübt von Zweifel, und regt zu Bemühungen an, die ein Loslassen verlangen. Als Methode, die in Frage stellt, schafft es Widersprüche, aber diese existieren nur in unserem Kopf. Die Wirklichkeit ist ohne Widerspruch.

Wenn Sie dieses Buch lesen, dann hoffe ich, dass Ihre Neugier und Ihre innere Weisheit Sie beflügeln, über das hinauszugehen, was meine Worte nur begrenzt verständlich machen können, und dass Sie Naikan tatsächlich ausprobieren. Im ersten Teil des Buches stelle ich dazu eine Reihe von Übungen vor. Ziehen Sie sich zurück, finden Sie hierfür einen geeigneten Ort. Betrachten Sie in Ruhe Ihr Leben. Schauen Sie, was es zu finden und zu lernen gibt. Es ist enorm hilfreich, der Wirklichkeit auf die Spur zu kommen, und Naikan ist hierfür eine wertvolle Methode.

Danksagung

Wollte ich all das berücksichtigen, was dieses Buch ermöglicht hat, die Menschen, Dinge und Kräfte der Natur, könnte ich ein weiteres Buch füllen. Die Ansätze dieser Ideen stammen aus vielen unterschiedlichen Quellen, und sie zusammenzutragen und zu Papier zu bringen ist das Werk vieler, die mich dabei unterstützten – sie alle haben letztlich an diesem Buch mitgeschrieben.

Wenn ich in zeitlicher Reihenfolge anfange, möchte ich zuerst meine Eltern nennen, Michelle und Ted, die mir das Leben geschenkt haben. Auch wenn sie nichts weiter getan hätten, wäre ich ihnen tiefen Dank schuldig. Doch sie haben mich in meiner Kindheit umsorgt, während ich ihnen die Anerkennung dafür versagt habe. Danke. Meine Grundschullehrerin, Mrs. Meyers, half mir beim Lesenlernen. Und das Lesen hat mir Zugang zur Weisheit einiger bedeutender Autoren verschafft. Um nur einige zu nennen: Benjamin Franklin, Albert Schweitzer, R.H. Blyth, D. T. Suzuki, C. S. Lewis, Lewis Thomas, Bishop Fulton J. Sheen, Haya Akegarasu, La Rochefoucauld, Gyodo Haguri, O. H. Mowrer, Taitetsu Unno, Thomas Merton und viele andere. Als junger Erwachsener traf ich auf ein Buch des Autors und Anthropologen David K. Reynolds – es verschaffte mir den ersten Kontakt mit Naikan. Ich begann mit Reynolds zusammenzuarbeiten, und er half mir, mich in der Welt der Selbstbeobachtung zu orientieren, die für mich neu und zugleich heraus-

fordernd war. Später sorgte er dafür, dass ich Naikan unter erfahrenen Leitern in Japan üben konnte. Als Lehrer fordert er viel von seinen Schülerinnen und Schülern, und er zeichnet sich durch eine außerordentliche Hingabe an seine Arbeit aus. Meine Arbeit, mein Schreiben und die Gründung meiner Familie – all das lässt sich darauf zurückführen, dass sich unsere Wege kreuzten. Danke, David.
Während meiner Japanreisen hatte ich das Glück, Naikan in verschiedenen Naikan-Zentren unter der Leitung ausgezeichneter Lehrerinnen und Lehrer zu üben, die diese wunderbare Kunst der Selbstbeobachtung in ihrer Art zu leben in die Tat umsetzen. Darunter sind Reverend Shue Usami, Akira Ishii, Masahiro Nagashima, Yosihiko Miko und Mrs. Yoshimoto, die Ehefrau des Gründers der Naikan-Methode, Ishin Yoshimoto. Ich erinnere mich lebhaft an die außerordentliche Güte und Sanftheit in Mrs. Yoshimotos Augen, als ich ihr begegnete und mit ihr die Naikan-Betrachtung meiner Vergangenheit teilte. Sie und ihr Mann haben sich ein halbes Jahrhundert lang unermüdlich dafür eingesetzt, der Welt diese Methode vorzustellen. Danke.
Mein Interesse an Naikan wäre nicht zustande gekommen ohne die Anregung und den Unterricht von Kenryu T. Tsuji, einem Priester des »Reinen-Land«-Buddhismus, der mich über zehn Jahre lang Shin-Buddhismus lehrte. Und mein spezieller Dank gilt Thich Nhat Hanh, der mir die sanfte Seite des Zen zeigte und mich lehrte, beim Meditieren zu lächeln.
Meine Kolleginnen und Kollegen unterstützten mich, indem sie mich zum Studium des Naikan anspornten. Besonders dankbar bin ich Sue Cole, Jiun Tarasewicz, Gregory Willms, Perri Ardman, Cindy Green, Ron Green, Barbara Sarah, Hal Lier, Marilyn Murray and anderen, die mich die letzten zwölf Jahre bei Naikan-Retreats und Workshops begleiteten. Es ist ein wunder-

volles Geschenk, solch liebenswerte Menschen zu kennen und mit ihnen zu arbeiten.

Die Jahre, in denen ich dieses Buch schrieb, verbrachte ich in der ständigen Begleitung und Zuneigung meines Hundes Rocky. Er rollte sich neben meinem Schreibtisch zusammen und gönnte mir die Freude, zwischen den Textabschnitten sein weiches schwarzes Fell zu streicheln. Er bestand darauf, mich zum Spazieren auszuführen, half mir damit, auf mein körperliches Wohl zu achten, und verschaffte mir Zeit, über meine Texte nachzudenken. Ich vermisse dich, Rocky. Danke.

Ich hatte das Glück, Peter Goodman von Stone Bridge Press zu begegnen, dessen persönliches Interesse an Naikan von großem Nutzen für unsere Zusammenarbeit war, und ich danke Perri Ardman, einer guten Freundin und Kollegin, dafür, Peter mit dem Manuskript dieses Buches und mit mir selbst bekannt zu machen. Und ich möchte Michael Ashby für die gute Arbeit danken, die er als Lektor dieses Buches geleistet hat. Seine Kenntnisse der englischen und japanischen Sprache haben viel zur besseren Lesbarkeit der folgenden Seiten beigetragen.

Über all die Jahre des Schreibens und Überarbeitens dieses Manuskriptes war mir eine Vollzeitkraft geschenkt: Lehrerin, Redakteurin, Korrekturleserin, Kollegin und Gefährtin, alles zusammen in einer außergewöhnlichen Person – meine Frau Linda. Sie lebt auf eine bewundernswerte Art das, worüber ich schreibe. Sie hat die Vorstellung verinnerlicht, dass eine Beziehung ein Weg der Übung ist, und ich bin dankbar für eine so engagierte Partnerin.

Schließlich hoffe ich, dass all meine Leserinnen und Leser sich einen Moment Zeit nehmen, all den Wesen hinter den Kulissen zu danken, die es ermöglicht haben, dass dieses Buch vor ihnen liegt – der Drucker an der Presse, die Fahrerin, die dieses Buch an die Buchhandlung lieferte, die Bäume, die ihre Stämme für diese Seiten opferten, der Mensch, der das Setzen des Textes erledigte, und jene Person, die sich die Zeit nahm, das Buch irgendwo in ein Regal zu stellen, damit es entdeckt und gelesen werden kann. Und bitte erinnern Sie sich an die Menschen, die Sie das Lesen lehrten. Und jene, die Ihre Brillengläser oder Kontaktlinsen fertigten. Folgen wir dem Netz der tiefen Verbundenheit zwischen allen Wesen, dann entdecken wir vielleicht den wahren Sinn dieses außergewöhnlichen Universums, und wir empfinden Freude darüber, wer wir sind, und über das Geschenk des Lebens.

Danke.
Gregg Krech

Einführung

Manchmal gehe ich hinaus in die Wälder und setze mich einfach irgendwohin. Dann wird mir bewusst, wie viel Lärm da ist. Das meiste davon existiert in meinem Kopf, der angefüllt ist mit Ideen und Plänen. Der Strom von Gedanken, Vorhaltungen, Ängsten, Sorgen, Hoffnungen und Dialogen scheint endlos zu sein. Regelmäßig springt eine Merkliste auf. »Vergiss nicht den Ölstand im Auto zu prüfen.« »Denk dran, die Bücher in die Bibliothek zurückzubringen.« Normalerweise nehme ich diesen Lärm nicht wahr, mein Leben ist zu geschäftig. Es ist so geschäftig, dass selbst wenn mein Körper einmal innehält, mein Geist das nicht tut. Er macht immer noch weiter. Eine Zeitlang.

Nach einer Weile beginnt er sich zu beruhigen. Dann fange ich an, wirkliche Geräusche zu hören – die Geräusche der Welt um mich herum. Das Gezwitscher der Meisen, die sich unterhalten, der Schrei eines Eichelhähers über mir, das Schnabelgeklicker eines vorbeiflitzenden Kolibris, der sein Territorium verteidigt. Ich bemerke die Blüten einer jungen Akelei und die leeren Eichelschalen in der Nähe eines rauhen Eichenstamms. Solche Geräusche sind Musik, solche Anblicke eine Augenweide. Sie sind wirklich, sie geschehen in diesem Moment.

Wenn ich dem Geschnatter eines Eichhörnchens im Ahornbaum gegenüber lausche, merke ich, wie die übrige Musik in den Hintergrund tritt. Sogar der Ahorn selbst, der sich vor mir erhebt und mit seinen neuesten Herbstfarben prahlt, bleibt unbemerkt, solange meine Aufmerksamkeit bei dem Eichhörnchen verweilt. Auch mein Pullover bleibt unbemerkt. Er hält mich an diesem frischen Morgen warm. Meine Brille bleibt unbemerkt. Sie ermöglicht mir, die scharfen Linien der Blattränder wahrzunehmen und die abwechselnd hellen und dunklen Streifen auf dem Rücken eines Streifenhörnchens. Ich bemerke, dass ich etwas über Bemerken und Nicht-Bemerken lerne. Ich lerne etwas über Aufmerksamkeit.

Etwas über Aufmerksamkeit zu lernen war ein Abenteuer für mich, eines voller Überraschungen. Ich war erstaunt über das endlose Geplapper meines Geistes. Ich war überrascht, wie oft sich meine Aufmerksamkeit auf mich selbst bezog, auf meine Gefühle, Gedanken und Ideen, und weniger auf die Welt um mich herum. Ich war überrascht, in welchem Ausmaß meine Erfahrungswelt von der Art meiner Aufmerksamkeit abhing. Aber nichts war überraschender, als zu bemerken, was ich alles nicht bemerkt hatte, es war ein regelrechter Schock für mich. Meine frühen Lehrer waren umgestürzte Bäume.

Hindernisse auf dem Weg

Eines sonnigen Sonntagmorgens im April machte ich mich auf den Weg zu einem herrlichen Vorgebirge, von dem man einen wunderbaren Blick auf die endlos scheinende Bergkette der Blue Ridge Mountains genießen kann. Der felsige Pfad verlief entlang eines Bachs und wand sich durch einen dichten Wald aus Kiefern, Schierlingstannen und Ahorn. Winterstürme hatten viele Bäume und Äste kreuz und quer über meinem Pfad verstreut, und ich musste um sie herumsteigen. Nach etwa drei anstrengenden Stunden erreichte ich mein Ziel. Der Ausblick war überwältigend, und eine erfrischende Brise wehte die Berghänge herauf. Während ich noch die Aussicht genoss, kam mir in den Sinn, wie schwierig mein Weg gewesen war. Ein Teil der Strecke erinnerte an den Hürdenlauf bei den Olympischen Spielen. An einer Wegkreuzung lag ein umgestürzter Baum mit doppeltem Stamm, und es erforderte einiges Geschick, zwischen den beiden Stämmen hindurchzuklettern. Wie viel leichter wäre mein Anstieg gewesen, wenn man all die Bäume und Äste mit Hilfe einer Kettensäge zersägt und beiseitegeräumt hätte, so dass von Anfang bis Ende ein bequemer Pfad ohne Behinderungen entstanden wäre!

In dem Moment erinnerte ich mich vage, dass tatsächlich einige Bäume zersägt worden waren, um den Weg frei zu machen. Mir fielen einige Stellen ein, an denen der mittlere Teil des jeweiligen Baumstamms säuberlich entfernt worden war; die Krone und der untere Teil lagen, ohne zu behindern, jeweils links und rechts des Pfades. Wie interessant, dass ich mich so deutlich an die Bäume erinnerte, die den Weg blockiert hatten, aber nur mit größter Mühe daran, dass einige bereits beiseitegeräumt worden waren.

Als ich mich an den Abstieg machte, bemerkte ich einige der zersägten Bäume und beschloss, die Sache zu untersuchen. Fünfzehn Minuten lang zählte ich sowohl die Bäume, die den Pfad blockierten, als auch jene, die zersägt und beiseitegeräumt worden waren, um den Pfad frei zu machen. Die Ersteren waren leicht zu zählen, da sie mir im Weg lagen. Hätte ich sie nicht beachtet, wäre ich über sie gestolpert. Die anderen jedoch erforderten zusätzliche Aufmerksamkeit; ich musste beiderseits des Weges auf die zersägten Enden achten. Am Ende der Stichprobe hatte ich zweiundvierzig quer liegende Bäume beisam-

men, hingegen siebenundvierzig Bäume, die weggeräumt worden waren! In Wirklichkeit lagen also schon bei meinem Aufstieg mehr Bäume links und rechts des Pfades als darauf, doch es waren die Hindernisse, die mir im Gedächtnis haftengeblieben waren.
Für viele von uns gleicht diese Wanderung dem eigenen Leben. Wir bemerken die Hindernisse, da wir sie umgehen müssen, um voranzukommen. Aber was ist die Folge, wenn wir durchs Leben gehen und nur Hindernisse, Probleme und Schwierigkeiten bemerken? Kommen wir dann nicht zu dem Schluss, dass unsere Erfahrungen nur aus Ärger, Schmerz, Enttäuschung und Angst bestehen? Was ist mit der Unterstützung, der Fürsorge und der Freundlichkeit, die wir jeden Tag empfangen? Mit einem bewussten Augenmerk darauf entdecken wir die unsichtbaren Gaben des Lebens – Bäume, die auf wundersame Weise beseitigt wurden und als Freundlichkeit wieder auftauchen.

Selbstbeobachtung

Diese Bäume lehrten mich etwas über Aufmerksamkeit und Selbstbeobachtung. Sie zeigten mir, wie wichtig es ist, im Leben gewissenhafter und genauer hinzuschauen. Ich lernte, wie bedeutsam es ist, innezuhalten, Abstand von mir selbst zu gewinnen und darüber nachzusinnen, was ich bemerkt hatte und was nicht. Wenn ich mich in meiner Einschätzung des Anstiegs so vertan hatte, was hieß das wohl für meine Perspektive auf die vergangenen Jahrzehnte meines Lebens? Wo hatte ich mich sonst noch dermaßen geirrt, was hatte ich sonst noch verpasst? Ich war beschäftigt, hatte Dinge zu erledigen. Zeit mit Ruhe

und Selbstbeobachtung zu verbringen war mir als Luxus erschienen. Jetzt jedoch ahnte ich, dass es um mein Leben ging. Und so war es tatsächlich.
Zum Glück fand ich eine Methode der Selbstbeobachtung. Sie war in Japan entwickelt worden. Das Konzept der Selbstbeobachtung wird allgemein anerkannt und von religiösen Führern, Therapeutinnen*, Erziehern, Wissenschaftlerinnen und anderen empfohlen. Die meisten Menschen halten Selbstbeobachtung für eine gute Idee, ebenso wie sie Liebe, Frieden, Gerechtigkeit und eine gesunde Lebensweise für gute Ideen halten. Aber Ideen werden erst durch ihre methodische und praktische Umsetzung zur Realität, und das gilt auch für die Selbstbeobachtung. Wie beobachten Sie sich eigentlich? Was ist die beste Methode, Ihr Leben zu untersuchen und zu überprüfen?
Die Praxis der Selbstbeobachtung oder Selbstreflexion reicht viele Jahrhunderte zurück und wurzelt in den großen spirituellen Traditionen der Welt. Frühe Anhänger dieser Praxis waren beispielsweise die christlichen Wüsteneinsiedler und die japanischen Samurai. Unter den eher zeitgenössischen Vertretern finden wir Albert Schweitzer, Benjamin Franklin und Bischof Fulton J. Sheen. Besonders Franklin folgte einem recht umfassenden und systematischen Ansatz. Er entwickelte eine Liste von dreizehn Tugenden und bewertete danach Tag für Tag sein Verhalten. Tägliche Selbstbeobachtung war ein fundamentaler Bestandteil seines Lebens.

* Der Anspruch, Frauen und Männer sprachlich gleichermaßen zu repräsentieren, führt im Deutschen oftmals zu umständlichen, sperrigen Lösungen, die den Lesefluss behindern. Um dem zu entgehen, wird in diesem Buch an einigen Stellen das grammatikalische Geschlecht abgewechselt. In jedem Fall sind immer beide Geschlechter gemeint. (Anm. des Verl.)

Die Art der Selbstreflexion, die ich in diesem Buch vorstellen möchte, hat drei Hauptmerkmale. Sie erfordert erstens eine Zeitspanne, die ausschließlich dieser Selbstbeobachtung dient, und zweitens einen Ort, der eine gewisse Abschirmung gewährleistet, um äußere Ablenkungen gering zu halten. Das dritte Hauptmerkmal besteht in der Verwendung bestimmter Fragen und einer Struktur, die uns helfen, unser Verhalten in Beziehung zu anderen Menschen, Lebewesen und Dingen zu prüfen.
Aufrichtige Selbstreflexion ist kein leichtes Unterfangen. Sie erfordert Aufmerksamkeit für das, was bisher nicht wahrgenommen wurde. Sie verlangt die Bereitschaft, unseren Fehlern, unserem Versagen und unseren Schwachstellen geradewegs ins Auge zu sehen. Und sie verlangt anzuerkennen, dass wir andere verletzt haben und dass unser Verhalten anderen Schwierigkeiten bereitet hat. Der vierte Schritt im Zwölf-Schritte-Programm der Anonymen Alkoholiker erwartet eine »gründliche und furchtlose Inventur unseres Inneren«. Albert Schweitzers Empfehlung lautete, ein »Geheimkonto zu eröffnen über das, was man aus Gedankenlosigkeit oder niederen Beweggründen in Hinblick auf die Existenz anderer Menschen vernachlässigt hat«. Derartige Selbstreflexion lässt wenig Raum dafür, andere zu beschuldigen oder sich darüber zu beklagen, wie man uns behandelt hat. Stattdessen werden unsere Ausflüchte, unsere Rationalisierungen und Rechtfertigungen aufgedeckt, und übrig bleibt, unser Leben so zu sehen, wie wir es gelebt haben. In den Tatsachen, so wie sie sind, liegt eine große Kraft.
Als menschliche Wesen haben wir den innigen Wunsch, uns selbst zu erkennen und Sinn in unserem Leben zu finden, und wir besitzen die Fähigkeit dazu. Möglicherweise sind wir die einzigen Wesen im Universum, die über sich selbst nachdenken können. Wir können unsere Gedanken und Gefühle beobach-

ten und uns die Handlungen und Ereignisse der Vergangenheit ins Gedächtnis rufen, so als ob wir uns in einem Spiegel betrachten. In dieser Fähigkeit zur Selbstreflexion liegt der Schlüssel zu unserer Freiheit; und sie wird gleichzeitig genährt von den Wurzeln unseres Leidens.

Und es ist gerade unser Leiden, das die Sehnsucht nach Wahrheit in uns weckt. Es sticht und bohrt und plagt uns mit schwierigen Fragen und mit Unzufriedenheit. Wir können uns nicht länger beruhigen, indem wir immer mehr »Zeugs« ansammeln. Wir fühlen uns von den inneren Stimmen genervt, die sich ständig über andere beklagen, sie kritisieren und verurteilen. Unsere Unzufriedenheit mit uns selbst und unserem Leben ist aber auch die Triebfeder für eine aufrichtige Überprüfung unseres Lebens.

Ich schlage vor, dass Sie mich auf einer Reise zu Aufmerksamkeit und Selbstbeobachtung begleiten. Untersuchen wir die Wirklichkeit in einer Tasse Tee. Studieren wir die Aufmerksamkeit, indem wir unsere Aufmerksamkeit benutzen. Erkunden wir die Frische in einem Bonbonpapier, und finden wir heraus, wer uns die kleine Kunstfertigkeit beigebracht hat, eine Schleife zu binden. Schauen wir uns den Film unseres Lebens an, um zu erkennen, wie wir gelebt haben und wie sich das Leben durch uns entfaltet. Auf dieser Reise werden wir falsche Mythen zerstören und Kämpfe mit egozentrischen Drachen ausfechten, werden uns in den Fangstricken des Stolzes verheddern und im Treibsand der Selbstsucht stecken bleiben. Unser Mut und unser Bemühen sind die ersten Geschenke dieser Reise. Und mangelndes Vertrauen in uns und unsere Fähigkeiten wird ersetzt durch ein größeres Vertrauen in das Leben selbst.

Was ist Naikan?

Naikan ist japanisch und bedeutet »nach innen schauen«; eine etwas poetischere Übersetzung könnte lauten, »sich selbst mit dem geistigen Auge betrachten«. Es handelt sich um eine strukturierte Methode der Selbstbeobachtung, die uns hilft, uns selbst, unsere Beziehungen und die grundlegende Natur des menschlichen Daseins zu verstehen. Naikan wurde in den vierziger Jahren von Ishin Yoshimoto in Japan entwickelt, einem gläubigen Anhänger des Buddhismus des »Reinen Landes« *(Jodo Shinshu)*. Seine starke religiöse Sehnsucht führte ihn zur Praxis des *mishirabe*, einer strapaziösen und schwierigen Meditationsform. Im Wunsch, diese Möglichkeit der Selbsteinsicht auch anderen zugänglich zu machen, entwickelte er Naikan als eine Methode, die breiter und allgemeiner praktiziert werden kann.

> *»Im Glauben an ein Morgen wirst du von deinem Geist zum Narren gehalten, und so verschwendest du das Heute.«*
>
> ISHIN YOSHIMOTO

Naikan wirkt in viele Bereiche der japanischen Gesellschaft hinein. Heute gibt es über vierzig Naikan-Zentren in Japan, und es wird in psychotherapeutischen Beratungsstellen, in der

Suchttherapie, der Rehabilitation von Straftätern sowie in Schulen und im Geschäftsleben angewendet. Es fand auch seinen Weg nach Europa; hier wurden Naikan-Zentren in Österreich und Deutschland gegründet. In den USA hingegen ist Naikan ziemlich unbekannt. Dr. David K. Reynolds stellte Naikan Anfang der siebziger Jahre in den USA vor und übernahm dessen Grundstruktur später im »Constructive Living«, einem Modell der Lebensführung, das auch Elemente der Morita-Therapie einbezieht. Reynolds war der Erste, der ausführlich in englischer Sprache über Naikan schrieb. Innerhalb der Vereinigten Staaten werden seit 1989 regelmäßig Naikan-Programme und -Retreats vom ToDo-Institute angeboten.
Naikan erweitert unsere Sicht der Wirklichkeit. Es ist so, als ob wir auf einem Berggipfel stünden und unser Zoom-Objektiv mit einem Weitwinkelobjektiv austauschten. Wir freuen uns über das breitere Panorama, in dem unsere bisherige Sicht noch vorhanden ist, jetzt aber von vielem ergänzt wird, das uns vorher verborgen war. Und das, was uns verborgen war, macht die Sicht so außergewöhnlich.

Die drei Fragen

Die Selbstbeobachtung im Naikan, die Naikan-Prüfung, basiert auf drei Fragen:

- Was habe ich von ... bekommen?
- Was habe ich ... gegeben?
- Welche Probleme und Schwierigkeiten habe ich ... bereitet?

Diese Fragen schaffen die Grundlage, um alle Beziehungen zu prüfen, einschließlich der zu Eltern, Freundinnen und Freunden, Lehrern, Geschwistern, Arbeitskolleginnen, Kindern und Partnern oder Partnerinnen. Sie können sich in Ihrer Beziehung zu Haustieren prüfen oder sogar zu Gegenständen wie Ihrem Auto oder Klavier. Sie können einen bestimmten Zeitabschnitt prüfen, einen Tag oder einen Feiertagsbesuch bei Ihrer Familie. In jedem Fall gewinnen Sie eine realistischere Sicht von Ihrem Verhalten und dem Geben und Nehmen in der jeweiligen Beziehung.

Die Fragen selbst erscheinen ziemlich einfach, und das sind sie in der Tat. Die Tiefe der Erfahrung, der Einsicht und der Erkenntnis, die aus der Praxis der Selbstprüfung erwachsen, sind nicht das Ergebnis einer intellektuellen Analyse oder komplexer Theorien. Unsere Herausforderung besteht darin, die Wirklichkeit so zu sehen, wie sie ist. Die drei Fragen sind einfache Mittel für die Untersuchung der Geheimnisse und Wunder des Lebens.

Die Reise beginnt: Die Fürsorge und Unterstützung, die Sie erhalten haben

Beginnen wir unsere Untersuchung mit der ersten Frage: *Was habe ich von ... bekommen?*

Wenn Sie Ihre Beziehung zu einer anderen Person untersuchen, betrachten Sie zunächst, was Sie von ihr erhalten haben. Meine Frau hat mir heute morgen frischgepressten Orangensaft zubereitet. Sie hat mein Frühstücksgeschirr gespült. Sie hat mir meine Uhr geschenkt. Dies sind einfache, klare Beschreibungen der Tatsachen. Ihr Tun hat mir etwas gegeben, unabhängig von ihrer Einstellung oder Motivation dazu. Oft nehmen wir diese

Dinge für selbstverständlich. Wir eilen durch unseren Tag und widmen all den »kleinen« Dingen, die wir empfangen, wenig Aufmerksamkeit. Aber sind diese Dinge wirklich so wenig bedeutsam? Wir vernachlässigen sie, weil unsere Aufmerksamkeit in dem Augenblick, in dem sie uns zugutekommen, woanders ist. Doch wenn es einmal kein warmes Wasser in der Dusche gibt oder wir unsere Brille verlieren, dann stehen diese Dinge im Mittelpunkt unserer Aufmerksamkeit. Plötzlich werden wir uns bewusst, wie wichtig warmes Wasser oder gutes Sehvermögen ist.

Wenn Sie auflisten, was Sie von einer anderen Person bekommen haben, werden Sie auf den Boden der einfachen Tatsachen geführt, auf welche Weise Sie Unterstützung und Fürsorge erfahren haben. Manchmal mögen Sie überrascht über die Länge der Liste sein oder über die Bedeutung einzelner Punkte, und vielleicht erleben Sie, wie tiefe Gefühle von Dankbarkeit und Wertschätzung geweckt werden. Ihr Herz und ihr Geist beginnen sich für die Barmherzigkeit zu öffnen, die allem Leben zugrunde liegt. Wenn wir uns nicht bewusst werden, in welchem Ausmaß wir von der Welt getragen werden, laufen wir Gefahr, dass unsere Aufmerksamkeit von Problemen und Schwierigkeiten gefangen genommen wird und wir uns in Leid und Selbstmitleid verstricken.

Nehmen Sie sich also bitte ein paar Minuten Zeit, und beginnen Sie mit einer Liste dessen, was Sie in den letzten vierundzwanzig Stunden bekommen haben. Diese Art der täglichen Prüfung wird Tages-Naikan genannt. Diese Prüfung ist nicht auf eine Person begrenzt – Sie können alles einbeziehen, was Sie am zurückliegenden Tag bekommen haben. Seien Sie genau, und notieren Sie so viele Punkte, wie Sie erinnern können. Welche Speisen haben Sie zu sich genommen? Wo haben Sie sich am vergangenen Tag aufgehalten? Auf welche Weise haben andere Ihnen beigestanden? Hat Ihnen jemand die Tür geöffnet? Hat jemand Ihr Geschirr gespült, oder gab es heißes Wasser und Spülmittel, als Sie den Abwasch erledigt haben? Was hat es Ihnen ermöglicht, sich die Zähne zu putzen oder Auto zu fahren? Nehmen Sie sich zehn Minuten Zeit, und machen Sie die Liste so ausführlich wie möglich. Wenn Sie damit fertig sind, fahren Sie bitte mit der zweiten Frage fort.

Die Reise geht weiter: Ihr Beitrag für andere

Sehen wir uns nun die zweite Frage an: *Was habe ich ... gegeben?*

Ishin Yoshimoto war Geschäftsmann. Er pflegte seinen Kunden monatlich eine Aufstellung zu schicken und erhielt entsprechende Aufstellungen von seinen Lieferanten. Darin wurden die gelieferten Produkte und die Zahlungseingänge genau angegeben. Wir erhalten eine ähnliche Aufstellung von der Bank, was unseren Zahlungsverkehr betrifft. Sie verrät uns auf den Cent genau, wie ausgeglichen unser Konto ist. Yoshimoto war der Ansicht, es könne den Menschen hilfreich sein, ihre »Lebensbilanz« auf eine ähnliche Weise zu überprüfen. Wenn Sie Ihr Geben und Nehmen detailliert untersuchen, dann können Sie diese Bilanz ermitteln. In der Beziehung zu einer einzelnen Person oder zwischen Ihnen und dem Rest der Welt können Sie Ihr Geben (Haben) und Ihr Nehmen (Soll) einander gegenüberstellen. Sie können sich dabei einen Zeitabschnitt vornehmen, der von einem Tag bis zu einem Jahrzehnt reicht.

Diese Überprüfung kann sowohl eine tatsächliche wie auch eine spirituelle Versöhnung in unseren Beziehungen zu anderen bewirken. Schulde ich der Welt etwas, oder schuldet die Welt mir etwas? Stehe ich in der Schuld meiner Mutter oder sie in meiner? Oft leben wir so, als ob die Welt uns etwas schuldet. »Warum habe ich die Gehaltserhöhung nicht bekommen?«, »Warum kommt die Pizza so spät?«, »Wieso bekomme ich nicht mehr Anerkennung von meinem Chef?« Wenn Menschen unsere Erwartungen nicht erfüllen, nehmen wir es ihnen übel, denn wir glauben, dass wir all das, was wir uns wünschen, auch verdienen. Wenn andere uns unterstützen, nehmen wir ihre Bemühungen oft für selbstverständlich, so als ob wir ein Recht darauf hätten, dass andere sich um uns kümmern. Wenn wir unser Leben reflektieren, beginnen wir dessen Wirklichkeit zu sehen. Was ist angebrachter: durch das Leben zu gehen mit dem Ziel, anzusammeln, was es uns schuldig ist, oder mit dem Ziel, unsere Schulden an andere zurückzuzahlen? Angenommen, ich stelle fest, dass ich derjenige bin, der der Welt etwas schuldet. Diese Erkenntnis weckt den natürlichen Wunsch zu geben und andere zu unterstützen, und gleichzeitig verhilft sie mir zu wachsender Dankbarkeit und angemessener Demut.

Nehmen Sie sich also bitte weitere zehn Minuten für eine Liste mit dem, was Sie anderen in den letzten vierundzwanzig Stunden gegeben haben. Vielleicht haben Sie jemanden irgendwohin gefahren oder eine Mahlzeit zubereitet. Vielleicht haben Sie einer Freundin eine Geburtstagskarte geschrieben oder auf der Straße ein Stück Abfall aufgehoben. Und seien Sie auch hier konkret und genau. Vermeiden Sie Verallgemeinerungen wie »Ich war hilfreich« oder »Ich habe meinem Freund beigestanden«. Was haben Sie faktisch für andere getan?

Die abschließende Frage: Welche Probleme und Schwierigkeiten habe ich … bereitet?

Sie besitzen jetzt ein vorläufiges Bild Ihres Lebens in den letzten vierundzwanzig Stunden. Sie haben einige wichtige Dinge untersucht. Betrachten wir Ihre (beiden) Listen. Waren Sie konsequent? Falls Sie vermerkt haben, jemanden angelächelt oder jemandem gedankt zu haben, haben Sie auch jedes Lächeln und jedes Dankeschön notiert, das Sie von anderen erhalten haben? Waren Sie so genau wie möglich? Wenn Sie für jemanden eine Mahlzeit zubereitet haben, haben Sie auch notiert, was Sie zunächst dafür erhalten haben oder zur Verfügung hatten (z.B. die Zutaten, Küchenutensilien, einen Herd, ein Rezeptbuch)?
Nehmen Sie sich ein paar Minuten Zeit und ergänzen Sie Ihre Listen, falls nötig, so dass sie die Tatsachen des vergangenen Tages genauer wiedergeben.
Die letzte und abschließende Frage ist die schwerste von allen: *Welche Probleme oder Schwierigkeiten habe ich … bereitet?*
Meist ist uns gegenwärtig, auf welche Weise andere Menschen uns Unannehmlichkeiten oder Schwierigkeiten bereiten. Vielleicht schneidet uns ein Fahrzeug auf der Straße, oder die Frau, die vor uns in der Schlange am Postschalter steht, hat einen Haufen Pakete, und wir müssen warten. Wir sind sehr tüchtig darin, solche Vorfälle zu registrieren. Wenn wir selbst jedoch die Ursache von Unannehmlichkeiten oder Schwierigkeiten sind, bemerken wir das in der Regel gar nicht. Oder wenn doch, dann denken wir, »es waren unglückliche Umstände« oder »ich hab's nicht so gemeint«. Vielleicht tun wir es als »keine große Sache« ab. Aber diese Frage ist wirklich wichtig. Yoshimoto empfahl, dass wir ihr bei unserer Selbstprüfung mindestens

sechzig Prozent der Zeit widmen sollten. Wenn wir nicht gewillt sind, diese Ereignisse wahrzunehmen und zu akzeptieren, dass wir die Ursache der Unannehmlichkeiten anderer waren, können wir uns und das, was unser Leben erst ermöglicht, nicht wirklich erkennen.
Nehmen Sie sich bitte weitere zehn Minuten Zeit und listen Sie die Probleme und Schwierigkeiten auf, die Sie anderen in den letzten vierundzwanzig Stunden bereitet haben. Haben Sie jemanden kritisiert? Haben Sie Geschirr in die Spüle gestellt, damit es jemand anders abwäscht? Haben Sie jemanden auf einen Antwortbrief oder einen Rückruf warten lassen? Kamen Sie zu spät zu einer Verabredung? Und seien Sie auch bei dieser Auflistung genau.

Überlegungen zur Selbstprüfung

Sie haben jetzt Ihr erstes Forschungsprojekt abgeschlossen; Sie haben im Versuch, die Tatsachen so klar wie möglich zu erkennen, einen kleinen Abschnitt Ihres Lebens (einen Tag) geprüft. Was können Sie aus Ihrer Untersuchung lernen? Schauen Sie Ihre Listen nochmals sorgfältig durch. Was ist Ihnen bewusst, dessen Sie sich vorher nicht bewusst waren? Was hatten Sie für selbstverständlich gehalten? Was müssten Sie tun, und was müssten Sie anders machen?
Diese Art von täglicher Prüfung, dieses Tages-Naikan kann in zwanzig bis dreißig Minuten vor dem Schlafengehen stattfinden. Es ist die einfachste Art der Naikan-Prüfung. In diesem Buch werden Sie viele weitere Übungen finden. Jede wird Ihnen die Gelegenheit geben, einen unterschiedlichen Aspekt

Ihres Lebens zu prüfen – einen anderen Zeitabschnitt, eine andere Beziehung oder eine bestimmte Seite Ihres Verhaltens. Wir glauben, dass wir unser Leben kennen, aber was wir kennen, ist nur eine bearbeitete Version, gefärbt von unseren Gefühlen und unserer begrenzten Sicht. Wie nah können wir dem Original kommen?

Beispiel für ein Tages-Naikan: Ein Tag der Selbstprüfung

Was habe ich bekommen?

1. Mein Vater hat die Zeitung gekauft, die ich gelesen habe.
2. Linda hat mir einen Obstsalat zum Frühstück gemacht.
3. Die Leute im Postamt haben meine Briefe sortiert und in mein Fach gelegt.
4. Eine Zahnbürste und Zahnpasta, um meine Zähne zu putzen.
5. Ich habe einen Pullover getragen, ein Geschenk meines Bruders zum letzten Weihnachtsfest.
6. Das Auto, das mich sicher in die Stadt und zum Flughafen gebracht hat.
7. Ich trug ein Paar Stiefel, ein Geschenk von Marilyn (vor einigen Jahren).
8. Linda hat das Mittagsgeschirr gespült.
9. Meine Brille, die mir erlaubt, besser zu sehen.
10. Straßenmarkierungen, die mir und anderen halfen, in der richtigen Spur zu bleiben und Unfälle zu vermeiden.
11. Mein Vater hat mir eine Tasse Kaffee gekocht.

12. Meine Uhr (ein früheres Geschenk von meiner Frau) hat mir oft am Tag die Zeit angezeigt.
13. Gebrauch eines Meditationskissens, das Mrs. Tsuji genäht hat.
14. Die Wärme der Ölheizung.
15. Der Duft und das Licht einer Kerze (ein Geschenk von Mike Hall).
16. Die Telefonleitung und die Dienste der Telefongesellschaft.
17. Barbara hat Buchbestellungen für den Versand bearbeitet.
18. Ich habe eine Depot-Quittung von der Bank erhalten.
19. Einen Parkplatz vor dem Rathaus.
20. Ein Handtuch, Seife, Wasser und eine Kabine zum Duschen.
21. Linda hat heute morgen das Bett gemacht.
22. Ein Paar Socken, die tagsüber meine Füße gewärmt haben.
23. Eine Axt, um Holz zu hacken.
24. Eine Toilette, um meine Ausscheidungen loszuwerden.
25. Eine Bürste für mein Haar.
26. Elektrizität, die mich mit Licht versorgt hat, damit ich arbeiten und lesen konnte.
27. Ein Chiligericht, Wasser und ein Stück Kuchen vom Personal des hiesigen Restaurants.

Was habe ich gegeben?

1. Ich bin mit Rocky (unserem Hund) spazieren gewesen und habe ihn gefüttert.
2. Ich habe meinen Vater zum Flughafen gebracht.
3. Ich habe zwei Zimmerpflanzen gegossen.
4. Ich habe Linda die Schultern massiert.

5. Ich habe der Parkaufsicht anderthalb Dollar gegeben.
6. Ich habe Linda Obst mit zur Arbeit gegeben.
7. Im Restaurant habe ich einer Frau die Tür aufgehalten.
8. Ich habe Bücher zur Post gebracht, die anderen zugestellt werden.
9. Ich habe die Vögel gefüttert.
10. Ich habe das Bad geputzt.
11. Ich habe Barbara eine Tasse Tee gemacht.

Welche Probleme und Schwierigkeiten habe ich anderen bereitet?

1. Zwei Leute riefen an, als ich unterwegs war, und mussten auf den Anrufbeantworter sprechen.
2. Ich habe zu meinem Vater eine Bemerkung über das Wetter und das Fliegen gemacht, auf die er ängstlich reagierte.
3. Ich habe auf abwertende Weise über jemanden gesprochen.
4. Ich habe Auto und Reifen stark abgenutzt (ebenso die Straße), weil ich über hundert Meilen gefahren bin.
5. Verschiedene Briefe und zwei Telefonanrufe sind unbeantwortet geblieben.
6. Auf der Straße habe ich während der Fahrt ein Eichhörnchen erschreckt.
7. Ich habe weiter Zeitung gelesen, während mein Vater zu mir sprach.
8. Als ich am Flughafen nach passendem Kleingeld für den Parkplatz gesucht habe, habe ich mehrere Fahrzeuge hinter mir warten lassen.
9. Ich habe einen Rest Kaffee weggegossen.
10. Eine Gemeinschaft von Termiten musste umziehen, weil ich ein Stück Holz gespaltet habe, in dem sie lebten.

11. Ich vergaß, die Heizung herunterzudrehen, als ich das Haus verließ, und habe Öl verschwendet.
12. Ich habe zweimal mein Fernlicht nicht abgeschaltet, als mir ein Fahrzeug entgegenkam.

Dankbarkeit und die Praxis der Aufmerksamkeit und Selbstprüfung im Alltagsleben

Nur selten begegnen wir jemandem, der ein Leben in Dankbarkeit führt. Obwohl wir im Verlauf eines einzigen Tages zumeist zahllose Wohltaten erfahren, werden die wenigen Augenblicke, in denen wir aufrichtige Dankbarkeit verspüren, meist von Beschwerden, Enttäuschung, Sorge und Frustration überschattet. Vielleicht können wir erst dann etwas wirklich schätzen, wenn es nicht mehr da ist. Und wenn die Gelegenheit verpasst ist, dankbar zu sein, suchen wir uns einen neuen Anlass, um enttäuscht zu sein.

Dankbarkeit erfordert Aufmerksamkeit und Reflexion. Ohne rechte Aufmerksamkeit können wir die Unzahl immer wiederkehrender Ereignisse, von denen wir profitieren, nicht wahrnehmen. Und wenn wir uns nicht besinnen, bleibt uns die Weisheit, die aus der Reflexion erwächst, versagt.

> *»Wenn das einzige Gebet, das du während deines ganzen Lebens sprichst, ›danke‹ heißt, würde das genügen.«*
>
> MEISTER ECKHART

Die folgenden Abschnitte sollen verdeutlichen, was es bedeutet, Dankbarkeit (und Undankbarkeit) zu erfahren. Dieses Kapitel enthält sieben Übungen, die Ihnen helfen sollen, die geschilderten Ideen in Ihrem Alltag umzusetzen und die Saat der Veränderung im Garten Ihrer Erfahrung auszusäen. Sie erfordern Ihre Aufmerksamkeit und Zeit für Besinnung.

Die Gaben des Lebens auspacken

Kürzlich traf ich mich mit Cathy in New York zum Essen. Cathy ist eine attraktive Frau Ende fünfzig, die ich bereits seit vielen Jahren kenne. Im Verlauf unseres Essens redete Cathy ununterbrochen über Menschen, die in ihrem Leben eine wichtige Rolle spielen, ihren Wünschen und Erwartungen jedoch nicht entsprechen. Eine gute Freundin von ihr hatte gemeinsame Freunde zum Essen eingeladen, sie jedoch nicht. Ihre Tochter und ihr Schwiegersohn erlaubten ihr nicht, so viel Zeit mit ihrem neugeborenen Enkel zu verbringen, wie sie wollte. Ihr Geschäftspartner kam seinen Verpflichtungen nicht nach. Ihr Ehemann hatte das sexuelle Interesse an ihr verloren. Ihr Sohn hatte es versäumt, ihr eine Geburtstagskarte zu schicken. Und es gab noch weitere Leute, die ihre Erwartungen nicht erfüllten. Als sie ihre Geschichten erzählte, sah ich, wie sehr sie litt. Allein das Reden über all diese Menschen in ihrem Leben ließ sie leiden. Ich bezweifle, dass sie bemerkte, was sie aß und wer sie bediente.

»Wir bitten um unser täglich Brot. Das Brot gibt uns die Kraft, es zu tun.«

R. H. BLYTH

Cathy besitzt eine Vorstellung davon, was die ideale Freundin tut, sagt, fühlt, denkt und gibt. Ein ähnliches Idealbild hat sie von Sohn, Tochter, Ehemann, Geschäftspartner, Kellner, Verkäuferin und Automechaniker. Täglich hält sie nach ihren Idealbildern Ausschau, und täglich antwortet ihr die Realität – täglich muss sie feststellen, dass die Tatsachen nicht an ihre Ideale heranreichen. Sie beherrscht das Rezept für Depression und Enttäuschung meisterlich; sie hat eine unfehlbare Formel für Leiden entdeckt. Jahrelang hat sie ihren Verstand darauf abgerichtet, auf die Lücke zwischen ihrer Vorstellung von der Welt und den Tatsachen zu blicken. Ihr Verstand macht das ausgezeichnet; er funktioniert in dieser Hinsicht mit weniger Aufwand, als Cathy zum Zähneputzen benötigt. Und Cathy leidet – jeder Tag bringt weitere Enttäuschungen. Jede ihrer Geschichten offenbart ihre Sehnsucht nach Mitgefühl, aber alles Mitgefühl, das andere ihr entgegenbringen, verblasst angesichts der Idealvorstellung von Mitgefühl, die Cathy hegt.

Wie oft hat unser Verstand dieses Spiel schon gespielt? Wie oft sind wir in Enttäuschung und Groll verfallen, weil andere nicht unseren Idealvorstellungen entsprochen haben? Wir beanspruchen einen Moment der Zeit und ein paar Kubikmeter Raum eines Universums, das selbst zeitlos und ohne Grenzen ist, und schon denken wir, dass das Universum unseren Vorstellungen folgen sollte. Sind wir nicht überheblich zu denken, dass solch ein Stäubchen im Kosmos imstande ist, zu erkennen, was wirklich ideal ist?

Solange wir unseren Wunschvorstellungen anhaften, was die Welt uns schuldet, sind wir blind gegenüber den Geschenken, die wir bereits erhalten. Wir blicken in unsere Kindheit zurück und finden allerlei, das für uns hätte getan oder uns hätte gegeben werden sollen, um uns glücklicher zu machen. Die Diskrepanz zwischen der erlebten Realität und unserem Wunschtraum zieht unsere Aufmerksamkeit magnetisch an. Sich auf diese Diskrepanz zu konzentrieren bedeutet jedoch, das Wesentliche zu übersehen. Wir übersehen die zahllosen Situationen, in denen wir bestens versorgt wurden. Wir tauschen die Tatsache, wie wir geliebt wurden, gegen die Illusion ein, dass wir mehr und auf bessere Weise hätten geliebt werden sollen. Ein unsinniger Tausch, der uns in eine spirituelle und emotionale Sackgasse führt.

Beschränke ich meine Sicht der Welt auf ein Wunschbild, das meiner Vorstellung entsprungen ist, wird mich das Leben in aller Regel enttäuschen. Wenn ich jedoch meine Sicht erweitere und anfange, das, was das Leben mir bietet, zur Kenntnis zu nehmen, finde ich mich von einem reichlichen Maß an Fürsorge und Unterstützung umgeben. Und doch können wir immer wieder beobachten, wie mechanisch unser Geist funktioniert; selten ist er mit dem zufrieden, was ihm der Augenblick bietet, da er sich beständig nach selbstfabrizierten Idealen sehnt. Wir können erleben, wie unser Blick die Wirklichkeit nach dem, was seinen Wünschen entspricht, abtastet, statt wahrzunehmen, was ihm tatsächlich geboten wird. Der erste Schritt unserer Rückbesinnung besteht darin, dessen gewahr zu werden und sich für die Geschenke des Universums wirklich zu öffnen.

Haben Sie schon einmal ein Kind beobachtet, das sich etwas ganz Bestimmtes zu Weihnachten wünscht? An Heiligabend reißt es eilig alle Geschenke auf, um das eine zu finden, das sein Herz begehrt. Wenn dies nicht dabei ist, jammert das Kind und läuft schmollend davon. Seine übrigen Geschenke werden verschmäht und bleiben liegen. Wie oft taucht dieses launische, verwöhnte Kind in unserem täglichen Leben auf? Wie viele Geschenke haben wir unter den Weihnachtsbäumen unserer Vergangenheit liegengelassen? Wie viele sind unausgepackt geblieben, weil wir sie nicht einmal wahrgenommen haben? Nimm dir einen Moment Zeit, Cathy, deine Wunschbilder aufzugeben und dir deine Geschenke abzuholen. Öffne die Augen und sieh, wie viele unausgepackte Geschenke auf dich warten. Nicht das Leben enttäuscht dich – du enttäuschst dich selbst.

ÜBUNG 1

Verwenden Sie eine Stunde darauf, das letzte Jahr Ihres Lebens zu betrachten. Was sind die wichtigsten Dinge, die Sie erhalten haben? Wer hat diese Gaben ermöglicht?

- Hatten Sie ein Fortbewegungsmittel? Wer hat dies ermöglicht?
- Hatten Sie ein Dach über dem Kopf? Wer hat dies ermöglicht?
- Waren Sie in ärztlicher oder zahnärztlicher Behandlung? Wer hat dies ermöglicht?
- Haben Sie irgendwelche neue oder auch getragene Kleidung erhalten? Wer hat dies ermöglicht?
- Konnten Sie fernsehen, Zeitung lesen, ins Kino gehen usw.? Wer hat dies ermöglicht?

Schauen Sie, wie viele Punkte Sie auflisten können, und fügen Sie jedes Mal einige der Menschen hinzu, die dazu beigetragen haben, dass Ihnen die einzelnen Dinge möglich waren.

Wenn Sie die Punkte notieren, überlegen Sie, wie Ihr Leben ohne diese Dinge ausgesehen hätte. Gehen Sie am Ende der Stunde Ihre Liste nochmals sorgfältig durch und denken Sie darüber nach, was im vergangenen Jahr für Sie von Bedeutung war.

Du hast mir das Leben gerettet

Stellen Sie sich vor, Sie sind auf einem Schiff, es passiert ein Unglück, und das Schiff geht unter. Sie kämpfen in der eisigen, rauhen See um Ihr Überleben. Da erscheint ein Rettungsboot neben Ihnen, und jemand zieht Sie aus dem Wasser. Was für eine Einstellung hätten Sie diesem Menschen gegenüber? Was würden Sie für ihn empfinden? Was würden Sie zu ihm sagen? Was würden Sie für ihn tun, wenn Sie wieder wohlbehalten an Land sind? Können Sie ihm je genug dafür zurückgeben, dass er Ihnen das Leben gerettet hat?
Gerade in diesem Augenblick wird Ihr Leben gerettet. Jeden Augenblick, mit jedem Atemzug. Vielleicht bemerken Sie das nicht, aber zehn, zwanzig Mal pro Minute wird Ihr Leben von der Luft gerettet, die Sie atmen. Atmen Sie tief ein und achten Sie darauf, wie die Luft in Ihre Lungen dringt. Ihr Körper nimmt sich, was er zum Überleben braucht; wieder einmal ist etwas Lebensnotwendiges geschehen. Wie ist Ihre Einstellung gegenüber der Luft? Was haben Sie in der letzten Zeit für die Luft getan? Könnten Sie ihr jemals genug dafür zurückgeben, dass sie Ihnen Leben schenkt? Welche Probleme haben Sie der Luft bereitet, die Ihnen fortwährend das Leben sichert?
An heißen Sommertagen bade ich manchmal in einem Teich.

Ich durchtauche ihn der Länge nach und komme zum Luftholen nicht herauf, bis ich das andere Ende erreicht habe. Am anderen Ende lechze ich nach der Luft, die ich mir versagt habe. Wenn mein Kopf dann gierig die Oberfläche durchstößt, hole ich tief Luft. Wie wunderbar ist es, wieder zu atmen, zu fühlen, wie die Luft in meine Lungen strömt und weiter in meine Gliedmaßen! Ich atme wieder und wieder, mein Körper entspannt sich, und Blut strömt durch meine Arterien mit einer Expresslieferung Sauerstoff dorthin, wo er gebraucht wird.
Doch was wäre, wenn ich gierig nach Luft schnappend hochkäme und keine Luft da wäre? Der tiefste, verzweifeltste Atemzug wäre vergebens. Wie lange würde es dauern, bis ich stürbe? Natürlich ist das nie passiert. Egal, ob ich an jenem Tag freundlich oder selbstsüchtig war, ob ich mich sanftmütig oder schroff verhalten, ob ich andere liebevoll oder grausam behandelt hatte – die Luft hieß mich stets willkommen und hielt mich am Leben. Ich bin von ihr abhängig, und sie erweist sich als zuverlässig. Ihre Zuverlässigkeit gibt mir Vertrauen und Zuversicht. Danke, Luft.

»Jeder Tag ein guter Tag.«

UMMON

Aber es ist nicht nur die Luft, die mir heute das Leben bewahrt – auch das Wasser verdient diese Anerkennung. Mein Körper besteht großteils aus Wasser, das durch Essen und Trinken ständig wieder ergänzt wird. Und mein Herz schlägt unentwegt. Auch wenn ich eine Kaffeepause einlege – mein Herz tut das nicht. Meine Lungen und alle wichtigen Körperteile arbei-

ten auf hochkomplizierte Weise zusammen, damit ich atmen und sprechen und meine Blase entleeren kann. Und dann gibt es da noch die Wärme. Und den Sonnenschein.
Letzte Nacht schlief ich ziemlich gut, obwohl ich das nicht beabsichtigt hatte. Wenn ich versuche, gut zu schlafen, dann klappt das gewöhnlich überhaupt nicht. Anscheinend ist es angemessener und realistischer, einen guten Nachtschlaf als Geschenk zu betrachten. Danke, Wasser. Danke, Lungen. Danke, Schlaf. Danke, Bett.
Ich empfinde Demut, wenn ich mir klarmache, dass heute Lebewesen gestorben sind, damit ich weiterleben kann. Heute verloren eine Kartoffel, eine Tomate, einige Handvoll Weizen und Reis, ein Salat, eine Banane und etliche Blaubeeren meinetwegen ihr Leben. Einiges davon starb auf einer Hunderte von Meilen entfernten Farm. Doch die Tomate habe ich selbst getötet. Ich habe sie vom mütterlichen Tomatenstrauch gekidnappt. Es blieb ihr wenig Zeit für ihren Abschied von der Pflanze, die sie seit ihrer Geburt ernährt und getragen hat. Wir schlenderten schweigend vom Garten in die Küche, dort habe ich sie zerteilt und zusammen mit einer Schüssel Salat verspeist. Jetzt ist sie ich. Zusammen werden wir im nächsten Frühjahr Tomaten setzen. Danke, Tomate. Tut mir leid, Tomate. Ich bin dir mein Leben schuldig, unser Leben.
Der Herbst kommt, und das Rot der Tomaten wird vom Rot der Äpfel abgelöst. Die Tomaten fehlen mir. Wenn wir etwas vermissen, steigt unsere Wertschätzung. Sogar Worte werden zu etwas Besonderem, wenn sie nicht zur Verfügung stehen. An Schweigetagen, Bestandteil der in unserem Haus durchgeführten Trainingsprogramme, führen wir unsere Alltagsgeschäfte weiter. Wir kochen, putzen und gehen zum Supermarkt, tun all dies jedoch schweigend. Wir schreiben uns Mitteilungen oder verständigen uns nonverbal. Das erfordert Zeitaufwand und

Mühe. Selbst die Bestellung eines Laibes Roggenbrot in der örtlichen Bäckerei wird kompliziert. Mir wird klar, wie viel leichter mein Leben durch die Gabe der Sprache ist. Wenn Sie je im Ausland waren, ohne die dortige Sprache zu beherrschen, wissen Sie, wie schwierig die alltäglichen Dinge ohne Worte zu erledigen sind. Danke, Sprache. Danke, Wörter. Dank an meine Eltern und alle jene, die mich meine Muttersprache lehrten. Sprache ist eine bemerkenswerte Gabe.

Und Schweigen ist ebenso eine Gabe. Ohne Unterhaltung entsteht eine Atmosphäre, in der ich Geräusche vernehme, die oft ungehört bleiben. Ich höre den Gesang der Meisen im Garten, höre den Wind mit der Fernsehantenne auf dem Dach ringen, höre die Schritte von Leuten, höre Wasser, das aus dem Hahn strömt. Das Schweigen erweckt diese Geräusche zum Leben, und hinzu kommt, dass ich mich nicht mehr aufgefordert fühle, sprachlich auf das Geschehen um mich herum zu reagieren. Ich bemerke, wie viel ich versäume, wenn ich meine Antworten schon im Geist formuliere. Nicht zu sprechen hilft uns, die Gabe der Wörter wertzuschätzen. Schweigen hilft uns, das Lied der Vögel wahrzunehmen. Tauchen hilft uns, die Gabe des Atems wahrzunehmen. Fasten hilft uns, die Ernährung und den Wert von Nahrungsmitteln wertzuschätzen. Trennung von geliebten Menschen hilft uns, den Segen ihrer Gesellschaft schätzen zu lernen.

Mangel kann Wertschätzung erzeugen. Derartige Erfahrungen rufen uns ins Gedächtnis, wie schwierig das Leben ohne die Gaben wäre, die uns das Dasein schenkt. Und wir sollten noch mehr wertschätzen, dass das, was wir in diesem Augenblick brauchen, bereits da ist. Warum warten, bis diese Geschenke fort sind? Warum von schönen Erinnerungen träumen, statt wertzuschätzen, was jetzt da ist, bevor es zur Erinnerung wird? Sicher, intellektuell begreifen wir das. Aber unser Intellekt ist nicht imstande, uns zu wirklicher Dankbarkeit und Wertschätzung zu führen. Das gelingt erst mit der Praxis der Aufmerksamkeit und Reflexion.

ÜBUNG 2

Machen Sie in der nächsten Woche jeden Abend vor dem Schlafengehen dreißig Minuten ein Tages-Naikan, wie es auf Seite 48 ff. beschrieben wird. Fertigen Sie schriftliche Listen an, indem Sie jede der drei Fragen beantworten:

- Was habe ich heute von anderen bekommen? *(zehn Minuten)*
- Was habe ich heute anderen gegeben? *(zehn Minuten)*
- Welche Probleme und Schwierigkeiten habe ich heute anderen bereitet? *(zehn Minuten)*

Seien Sie konkret, und lassen Sie Kleinigkeiten nicht aus. (Hinweis: Es gibt keine Kleinigkeiten.) Sehen Sie am Ende der Woche Ihre Listen durch, und schreiben Sie einen kleinen Dankesbrief an eine der Personen, die Ihnen etwas Besonderes gegeben oder für Sie getan hat.

Eine Pizza bestellen

Viele von uns haben sich schon mal eine Pizza bestellt und nach Hause liefern lassen. Wir wollen nun ein wenig Detektivarbeit leisten und dem nachgehen, was dieser Sache zugrunde liegt. Dabei können wir vielleicht etwas über die Kunst lernen, sich Dinge bewusstzumachen.

Es beginnt damit, dass wir zu einem Plastikding namens Telefon greifen und ein paar Zahlen tippen. Schon das ist einfacher als früher, da heutzutage die meisten Telefone Tasten statt einer Wahlscheibe besitzen. Falls es einen Rufnummernspeicher gibt, reicht vielleicht ein Fingerdruck, und schon steht die Verbindung zur Pizzeria.

In weniger als einer Stunde ist der Lieferant mit der Pizza da und läutet an der Tür. Was ist im Einzelnen passiert? Nun, dieser Mensch hat die Pizza vom Restaurant zum Auto getragen und ist den ganzen Weg zu uns nach Hause gefahren, um uns die Pizza zu liefern. Er hat sich auf den Weg gemacht, um unser Haus oder unsere Wohnung zu finden, vielleicht im Dunkeln. Zum Glück hat jemand eine Straßenkarte angefertigt. Unser Pizzalieferant fuhr mit dem Auto und hat im Verkehr sein Leben aufs Spiel gesetzt. Täglich werden Menschen zu Verkehrsopfern, und Lieferanten werden beim Ausliefern von Pizzas überfallen. Er hat sein Leben und sein Wohlergehen riskiert, damit wir eine Pizza bekommen.

Natürlich hat jemand die Pizza zubereitet und gebacken. Andere haben das Lieferfahrzeug zusammengebaut, verkauft und gewartet. Irgendjemand hat den Ofen konstruiert, damit die Pizza gebacken werden konnte. Damit dieser funktioniert, braucht man Elektrizität. Irgendwelche Menschen haben die Pizzeria gebaut. Jemand hat die Annonce bezahlt, damit wir die Telefonnummer parat haben. Oder wir haben die Auskunft angerufen und von ihnen die Nummer bekommen. Ein ganzes Telekommunikationsnetz ist erforderlich, damit wir anrufen und fragen können: »Wie ist die Nummer der Pizzeria Roma?« Und was ist mit den Zutaten? Wie entsteht die Kruste? Wie wird der Käse produziert? Wie ist es um die Tomatensoße bestellt? Was alles ist erforderlich, damit die Soße in das Restaurant gelangt, angefangen vom winzigen Tomatensetzling irgendwo auf einem Bauernhof? Aus dem ganzen Land kommen Zutaten, möglicherweise von überall auf der Welt. Die Pflanzen wurden von Sonne und Regen genährt, von Landarbeiterinnen geerntet und von LKW-Fahrern ausgeliefert. Fabriken wurden gebaut, um die Zutaten zu verpacken. Konservendosen wurden hergestellt, um ihren Inhalt zu schützen.

Straßen, LKWs, Autos, Fabriken, Telefonnetze, Pflanzen, Erde, Sonne und Regen, Kühe, das alles und noch viel mehr wurde benötigt, damit wir die Tür öffnen können, um eine tischfertige Pizza zu bekommen. Und sie ist heiß. Jemand hat sie für uns in eine Schachtel gepackt, Teil eines Baumes, der sein Leben opferte, damit wir die Pizza in einem Karton in Empfang nehmen können. Die Geschichte eines ganzen Universums ist in einem Karton enthalten. Schließen Sie die Augen und sehen Sie sie vor sich.

Dann setzen wir uns und essen. Die Pizza schmeckt lecker. Und wir haben so wenig dafür getan. Wir brauchten bloß zum Telefon zu greifen, zu sagen: »Wir möchten eine Pizza«, und dann Geld dafür zu bezahlen, das uns zuvor jemand gegeben hatte. Was für ein unglaublich komplexer Vorgang ist es, eine Pizza auf den Tisch zu bekommen. Und wie oft wird solch eine Gabe ignoriert! Wie oft lautet unsere Reaktion: »Warum hat das so lange gedauert? Die haben gesagt, es dauert nur eine halbe Stunde, und jetzt sind es fünfundvierzig Minuten.« Oder: »Sie ist nicht mehr heiß. Sie ist ja schon fast kalt.« Oder wir fangen an zu essen, bemerken, dass grüner Paprika darauf ist, und meckern: »Ich habe keinen grünen Paprika bestellt. Warum haben die diesen grässlichen grünen Paprika auf meine Pizza gelegt? Jetzt muss ich wieder alle Stücke rauspicken.« Vielleicht rufen wir in der Pizzeria an und beschweren uns. Wie oft haben wir jedoch angerufen und gesagt: »Ich wollte Ihnen nur sagen, wie gut mir Ihre Pizza geschmeckt hat.«?

Ist das nicht wie ein Sinnbild unseres Lebens? Trotz aller Mühen, die es gekostet hat, uns eine Pizza zu verschaffen, merken wir einzig, dass sie nicht »perfekt« ist. Unser Geist sucht herum und greift etwas auf, das unserer Erwartung nicht völlig entspricht. Doch häufig ist es auch perfekt: Alles ist so geworden, wie wir es uns gewünscht haben. Was machen wir dann? Meistens nichts – wir essen und nehmen die perfekte Pizza vor unserer Nase nicht einmal wirklich wahr. Wir sind zu beschäftigt mit dem Fernsehfilm oder der Zeitung, oder wir sind in ein Gespräch vertieft.

Vielleicht haben wir eine frisch zubereitete, schnell gelieferte, heiße und schmackhafte Pizza verdient. Vielleicht haben wir das Recht auf freundliches, zuvorkommendes Personal, das unsere Bestellung aufnimmt. Vielleicht haben wir einen Anspruch darauf, dass alles perfekt und unseren Wünschen entsprechend erledigt wird. Wenn wir zu dem Schluss kommen, dass wir unsererseits stets die Wünsche, Bedürfnisse und Erwartungen der Menschen um uns herum erfüllt haben, dann haben wir Grund genug, das Gleiche von der Welt zu erwarten. Wenn ich jedoch darüber nachdenke, auf welche Weise ich anderen Probleme bereitet habe, zu spät gekommen bin, Fehler gemacht habe und dass meine Arbeit für andere selten »perfekt« war – wenn ich mir das vor Augen führe, dann kann ich nicht anders, als tief berührt zu sein von all der Mühe, die darin steckt, mir eine Pizza zu bringen. Und das erstreckt sich auf alle Menschen und Dinge, die für alle Pizzas seit meiner Kindheit verantwortlich sind. Danke! Ich weiß vielleicht nicht, wer ihr seid, aber ich weiß, was ihr geleistet habt!

ÜBUNG 3

Wenn Sie sich das nächste Mal Essen liefern lassen, rufen Sie später im Restaurant an und bedanken Sie sich – sagen Sie, was Ihnen gefallen oder geschmeckt hat oder auf welche Weise der Dienst hilfreich für Sie war (zum Beispiel, dass Sie in der Zeit, in der für Sie gekocht wurde, andere Dinge erledigen konnten).

Inmitten des Schmerzes

Einst, es ist nicht lange her, war er ein kräftiger Baum,
der Schatten spendete, Nahrung und Sauerstoff –
eine Welt für sich.

Hundert Jahre,
vielleicht länger,
erblühte er, atmend und lebendig.

Dann wurde er gefällt, gespalten, zersägt und zerkleinert,
bis er sich sanft ruhend
zwischen zwei Freunden wiederfand.

Friedvoll und geduldig
wartete er auf den Augenblick,
in die Welt hinauszugehen
und den Sinn seines Daseins zu erfüllen.

Und nun ist der Moment gekommen,
er schmiegt sich liebkosend an meine Wange,
wischt mir die Tränen aus den Augen
und macht meinen Schmerz zu seinem.

All die Jahre
als Samen, Baum, Holz
und Papiertaschentuch,
auf den Augenblick wartend,
meine Trauer zu lindern.

Ergab sein Leben, mich zu trösten,
und ich übersah fast die Güte in seiner Tat.

Eingeschnürt in den Schmerz meines Selbst, tränenblind,
entging mir beinahe sein selbstloser Dienst.
Wer, wenn nicht ich, wird Zeugnis ablegen für solches Mitgefühl?

Zerknüllt und durchnässt gab er sich hin, einem Narren zu Diensten,
der Tausende seiner Brüder und Schwestern
ohne Dank verbrauchte – nicht eine Träne floss aus Dankbarkeit.

Lehre mich, durch die Tränen zu blicken, dass ich mitten im Schmerz
die wahre Quelle dieser Sanftheit
auf meinem Gesicht verstehen lerne.

Lehre mich weinen mit weit offenen Augen.

Naikan am Arbeitsplatz

Jill erschien ärgerlich und frustriert zu ihrer wöchentlichen Sitzung; es ging um einen Vorfall, der sich am Vortag bei ihrer Arbeit ereignet hatte. Der Parkplatz ihrer Firma wird von einem jungen Mann beaufsichtigt, der ihn jeden Abend um achtzehn Uhr schließt. Alle, die länger arbeiten, sind aufgefordert, ihr Fahrzeug vor achtzehn Uhr zu entfernen; danach wird der Parkplatz geschlossen, und der Aufseher geht nach Hause. Am Tag zuvor hatte sich Jill um zwanzig Minuten verspätet. Der Parkplatz war geschlossen, aber der Aufseher war noch da. Jill entschuldigte sich für ihre Verspätung und bat ihn, die Sperre zu öffnen, damit sie herausfahren könne. Er lehnte es ab, der Parkplatz sei geschlossen. Sie wiederholte ihre Entschuldigung und beschrieb die Umstände, aber er weigerte sich weiterhin, die Schranke zu öffnen. Schließlich bat Jill einen ihrer Vorgesetzten zum Parkplatz herunter, um den Aufseher anzuweisen, die Ausfahrt zu öffnen. Sie war über die Angelegenheit äußerst aufgebracht.

> *»Das gewöhnliche Denken ist ziemlich selbstzentriert. In unserem Alltag sind neunundneunzig Prozent unseres Denkens selbstzentriert: Warum geht es gerade mir schlecht? Warum habe gerade ich Probleme?«*
>
> SHUNRYU SUZUKI ROSHI

Am Ende der Sitzung gab ich Jill einen Auftrag für die folgende Woche. Er bestand darin, dem Parkplatzaufseher ein Geschenk zu kaufen. Ein Geschenk? Unnötig zu erwähnen, dass sie nicht gerade begeistert war. Wieso forderte ich sie auf, ein Geschenk für jemanden zu kaufen, über den sie sich derart geärgert hatte?

Dass der Aufseher es ablehnte, sie ihr Auto vom Parkplatz fahren zu lassen, ist eine Tatsache, die ich nicht bestreite. Aber es gibt noch eine weitere Tatsache, nämlich dass er, seit sie dort arbeitete, täglich Aufsicht über den Parkplatz und ihr Auto geführt hatte. Ihr Auto wurde niemals gestohlen oder in irgendeiner Weise beschädigt. Ihre Aufmerksamkeit war klar auf die erste Tatsache gerichtet – das Problem, das er ihr bereitete –, aber die zweite, die seines schon lange währenden Dienstes, sah sie nicht.

Einfach ausgedrückt, hilft Naikan uns, andere Menschen und unsere Umwelt aus dem Blickwinkel der Tatsachen zu sehen. Wir stellen fest, dass die Bürokraft, die sich gerade eine so lange Mittagspause gönnt, letzten Freitag bis zweiundzwanzig Uhr gearbeitet hat, um einen wichtigen Bericht fertigzustellen. Der Vorgesetzte, der unsere Arbeit kritisiert, nimmt uns gleichzeitig vor dem Abteilungsleiter in Schutz. Die Unterstützung, die wir von anderen erfahren, gehört zu den Tatsachen unseres Lebens.

Wenn Sie in Japan einen einzelnen Angestellten loben, beschämen Sie ihn möglicherweise. Vermutlich antwortet er, er habe das nicht verdient; viele Menschen seien an der Leistung beteiligt gewesen. Das ist keine reine Höflichkeit, sondern er meint es wirklich so. Im Westen hingegen glauben wir lieber, dass es »mein« Erfolg war, allein »meine« Leistung.

Ein erfolgreicher Geschäftsmann wollte Naikan kennenlernen. Trotz seines Erfolges vermisste er etwas in seinem Leben; er war oft deprimiert und hatte Probleme mit den Angestellten und mit seiner Familie. Dennoch war er stolz auf das, was er erreicht hatte, und ganz besonders stolz war er darauf, dass er es allein geschafft hatte, ohne Hilfe von irgendjemandem. Für die folgende Sitzung bat ich ihn, seine fünf größten Leistungen aufzuschreiben. Beim nächsten Termin stellte ich dann fest, dass er acht notiert hatte. Ich bat ihn, im Laufe der folgenden zwei Monate pro Woche eine der Leistungen in Hinblick auf folgende Fragen zu überdenken:

- Welche Unterstützung oder Hilfe habe ich von anderen (Menschen, Dingen) erhalten, um diese Leistung zu erbringen?
- Was haben meine Leistungen anderen gebracht?
- Welche Probleme und Schwierigkeiten habe ich anderen bereitet, während ich mir diese Leistungen erarbeitet habe?

Es war schwierig und emotional aufreibend für ihn. Jede Woche machte er seine Naikan-Prüfung und wurde damit konfrontiert, dass seine Leistungen nicht wirklich seine waren. Ständig befand er, dass er reichlich Unterstützung und Beistand erfahren hatte. Er erkannte, auf welche Weise seine Leistungen durch das Bemühen anderer ermöglicht worden waren. Seine Ehefrau, die Kolleginnen und Kollegen, seine Sekretärin und die übrigen Angestellten – sie alle standen ihm in einer Weise zur Seite, die entscheidend zu seiner Arbeit beitrug. Zum ersten Mal erkannte er auch, welche Probleme diese Leistungen anderen bereitet hatten. Er begann die Folgen seiner langen Arbeitstage für die Familie zu verstehen und versuchte sich vorzustellen, wie es einem Angestellten geht, der ständig kritisiert und niemals gelobt wird. Und während er selbst viel Nutzen aus seinen Leistungen gezogen hatte, fiel es ihm schwer, Beispiele dafür zu finden, wie er anderen im Verlaufe seiner Laufbahn beigestanden hatte.
Er war entmutigt, betrübt darüber, dass das »self-made« bei ge-

nauerer Betrachtung von »anderen gemacht« war. Er erkannte auch, wie egoistisch er gehandelt hatte, indem er so viel genommen und so wenig gegeben hatte. Und doch war er gleichzeitig überglücklich über die Unterstützung, die er von seiner gesamten Umwelt in all diesen Jahren erfahren hatte. Die Erkenntnis, dass er es nicht allein geschafft hatte, war belebend für ihn. Er empfand Schuldgefühle, aber zugleich auch Dankbarkeit und Wertschätzung für die Menschen in seiner Umgebung.

Wir leben in der Illusion der Unabhängigkeit. Unsere Arbeit ist fest umschrieben, ebenso wie Berufsbezeichnung, Arbeitsplatz und unsere Projekte, und das bestärkt uns in unserer Vorstellung, dass wir von anderen unabhängig arbeiten. Nichts könnte von den Tatsachen weiter entfernt sein. Unsere Arbeit ist *vollständig* von anderen abhängig. Gibt es irgendein greifbares Produkt unserer Arbeit, das wir herstellen könnten, ohne uns auf die Produkte oder Leistungen anderer zu beziehen? Musik, die wir komponieren, ist eine Zusammenstellung von Noten, die andere erfunden haben. Teamarbeit ist nicht etwa eine besondere Form der Arbeit – Arbeit ist *immer* Teamarbeit. Gewinnt man diese Einsicht, möchte man den anderen vielleicht danken und ihnen für ihre Unterstützung etwas zurückgeben. Erfolg ist eher ein Anlass, Dankbarkeit zu zeigen, als sich selbst zu beglückwünschen. Wenn ich mir bewusstmache, wie Arbeit *allgemein,* nicht *meine* Arbeit erledigt wird, kann ich Konflikte an meinem Arbeitsplatz verringern und die Kooperation fördern.

Übung 4

Wählen Sie eine Leistung, auf die Sie stolz sind, etwa ein höherer Schulabschluss, das Beherrschen einer Fremdsprache oder ein Preis, den Sie für etwas gewonnen haben. Konzentrieren Sie sich auf diese Leistung und verwenden Sie eine Stunde darauf, sich mit Hilfe der obigen Fragen dazu zu prüfen.

Hinter unsere Schwierigkeiten blicken

Immer wieder geraten wir in ziemlich belastende Situationen. Wir verlieren unsere Arbeit, werden krank, erfahren vom Tod eines geliebten Menschen oder erleben das Ende einer Langzeitbeziehung. Wir lassen uns von unserem Schmerz gefangen nehmen und rufen uns alle möglichen Enttäuschungen unseres Lebens ins Gedächtnis.

»Gehüllt in die Wolke der Depression, kommen Gedanken darüber, was falsch gewesen ist, einer nach dem anderen.«

HO SEN

Unser Leid nimmt dann unsere Aufmerksamkeit völlig gefangen. Doch es gibt mehr im Leben als das, was wir unmittelbar wahrnehmen. Wenn wir genauer hinschauen, dann sehen wir, dass auch im Leid Mitgefühl, Fürsorge und Unterstützung unsere Gefährten sind, und wir werden uns bewusst, dass wir zur Bewältigung einer schwierigen Situation oft auf die Unterstützung anderer angewiesen sind. Aber wie oft schaffen wir Raum für Dankbarkeit mitten in unserem Leiden? Wenn wir von einer schweren Krankheit genesen sind oder ein wichtiges Problem gelöst ist, wie viel Energie wenden wir dafür auf, jenen Men-

schen und Dingen zu danken und ihnen dafür, dass sie uns in unserer Not unterstützt haben, etwas zurückzugeben?
Wenn wir mehr in unsere Aufmerksamkeit einbeziehen als bisher, verschaffen wir uns ein umfassenderes und wahrhaftigeres Bild des Lebens, eines Lebens, das uns auch in schwierigen Situationen nicht im Stich lässt und uns bereitwillig hilft, mit unseren Schwierigkeiten fertig zu werden.

Etwas als gegeben ansehen

Nach meiner Rückkehr aus Südostasien war es ein Erlebnis besonderer Art, die Spülung meiner Toilette zu betätigen. Normalerweise widme ich der Spülung keine große Aufmerksamkeit; ich vermute, dass es den meisten Leuten im Westen genauso geht. Doch dies war nach Wochen das erste Mal, dass ich eine Toilette mit Spülung benutzte. In weiten Teilen Südostasiens gibt es eine andere Methode, bei der man mittels einer Schale sauberes Wasser aus einem Gefäß schöpft und in die Toilette gießt. Das macht man mehrmals, bis das klare Wasser das alte ersetzt hat. Es funktioniert gut und spart Wasser, auch wenn es aufwendiger ist, als eine automatische Spülung zu betätigen. Ich stand also in meinem Badezimmer, betrachtete die Spülung, und mir wurde klar, wie einfach es ist, einen Hebel zu drücken, fortzugehen und zu wissen, wenn ich zurückkomme, ist das Wasser in der Schüssel klar und sauber. Man könnte sagen, dass ich eine Wasserspülung bisher als selbstverständliche Gegebenheit angesehen habe. Bei genauerer Betrachtung habe ich sie jedoch nicht als *gegeben* angesehen.

»Mit welcher Art von Nahrung du auch gesegnet sein magst – wenn du nicht zugleich mit Appetit gesegnet bist, bist du übel dran, nicht wahr?«

KOSHO UCHIYAMA ROSHI

Eine Stiftung *gibt* einer gemeinnützigen Einrichtung Geld. Sie mögen mir die Erlaubnis *geben,* Ihr Auto zu benutzen. Auch wenn etwas als selbstverständliche Gegebenheit angesehen wird, sollten wir wahrnehmen, dass es *gegeben* wurde. Doch ich habe eine Wasserspülung nie als gegeben angesehen. Ich habe Wasserspülungen lediglich benutzt, mein ganzes Leben lang, ohne ihnen Aufmerksamkeit zu schenken oder dafür dankbar zu sein. Die meiste Aufmerksamkeit habe ich ihnen in Flugzeugen oder Zügen gewidmet, wo man nach dem Hebel oder Knopf suchen muss, der die Spülung in Gang setzt. Wenn der nicht sofort zu finden war, habe ich vielleicht im Stillen einen besseren Platz dafür vorgeschlagen. Aber ich habe die Toilette nicht als etwas mir Gegebenes angesehen, sondern ihren Dienst einfach in Anspruch *genommen,* ohne auch nur einen Moment darüber nachzudenken, und habe mich sogleich etwas anderem gewidmet.

Wie sich herausstellte, entwickelte ein Mann namens Thomas Crapper im London des späten neunzehnten Jahrhunderts die Vorform der heutigen Toilettenspülung. Für Londons begrenzte Wasserversorgung hatte seine Erfindung eine hohe Wasserersparnis zur Folge, und Thomas Crapper wurde dafür zum Ritter geschlagen. Meine Toilettenspülung verdanke ich also zum Teil einem britischen Klempner-Ritter, der kreativ und beharrlich genug war, einen neuen Mechanismus zu erfinden, der Toiletten von schmutzigem Wasser reinigt.

Und was ist mit den vielen anderen Geräten, die ich in Anspruch genommen habe, ohne zu überlegen, dass sie gegeben wurden. Ich möchte wissen, wie viele Jahre menschlichen Lebens in die Entwicklung von Dimmern für mein Licht, Schlössern für meine Türen oder Kontaktlinsen für meine Augen eingegangen sind. Kämme ich mir die Haare, bin ich vielleicht gerade so aufmerksam, wie ich eitel bin, und es bleibt wenig Raum für die Anerkennung jener Leistungen, die mir zu Kamm und Spiegel verholfen haben. Ich wünschte, ich könnte mehr Dinge als *gegeben* ansehen und sie in dem Bewusstsein benutzen, dass sie Geschenke sind, die aus dem Leben und den aufopfernden Leistungen anderer stammen. Mich darauf zu besinnen heißt, mir gewisse Wahrheiten bewusstzumachen, die oftmals außerhalb meiner Wahrnehmung bleiben. Ob ich nun darauf achte oder nicht, ich profitiere von den Bemühungen und Leistungen anderer, auch wenn diese längst nicht mehr leben. Ihre Beiträge bleiben und sollten angenommen und gewürdigt werden als etwas, das uns gegeben wird.

ÜBUNG 5

Merken Sie sich im Laufe des Tages jene Gegenstände, die Ihnen im Alltag nützlich sind: eine Toilette, eine Kaffeemaschine, ein Dosenöffner usw. Erstellen Sie vor dem Schlafengehen eine Liste dieser Dinge. Denken Sie über die Leistungen nach, die erforderlich waren, diese Dinge zu erfinden oder zu entwerfen, herzustellen, zu verpacken und auszuliefern, damit sie Ihnen das Leben erleichtern oder verschönern.

Itadakimasu

Die Japaner legen vor einer Mahlzeit oft ihre Hände wie zum Gebet zusammen und rezitieren einen kurzen japanischen Ausdruck, *itadakimasu.* Ich hatte Probleme, mir diesen Ausdruck zu merken, bis mir jemand eine Gedächtnisstütze empfahl – *»eat a duck, I must«.* Es liegt eine gewisse Ironie darin, dass ich als Vegetarier jedes Mal vor dem Essen daran denken muss, eine Ente zu verspeisen, aber es hilft mir bei der korrekten Wiedergabe. Etwas später hat mir jemand *itadakimasu* übersetzt. Die ungefähre Bedeutung lautet: »In Demut empfange ich (diese Speise).«

Aber *itadakimasu* zu sagen ist eine besondere Erfahrung, wenn dabei mit geneigtem Haupt die Handflächen aneinandergelegt werden (in Japan *gassho* genannt). An dieser Haltung, mit geneigtem Haupt, den Blick gesenkt und die Hände in *gassho,* ist etwas, das der Rezitation von *itadakimasu* besondere Tiefe verleiht. Sie steigert die Aufmerksamkeit für die wahre Bedeutung des Ausdrucks. Später fand ich heraus, dass es noch eine andere Übersetzung von *itadakimasu* gibt: »Ich empfange, indem ich (es) auf den Kopf lege.« Dies betont den Respekt, den wir für das Empfangene zeigen, indem wir es erheben und uns gleichsam darunterstellen. Aus Respekt vor der Speise, die sich für uns opfert, erheben wir sie. Lebendiges ist gestorben und wird uns nun zu unserem Nutzen angeboten, und in Anerkennung dieses Nutzens, den wir aus dem Opfer dieser Wesen ziehen, stellen wir uns niedriger. Wir nehmen und andere geben.

> *»Wenn Sie ein Dichter sind, dann sehen Sie, dass eine Wolke in diesem Blatt Papier schwebt.«*
>
> THICH NHAT HANH

Diejenigen, die in der jüdisch-christlichen Kultur aufgewachsen sind, mögen *itadakimasu* mit dem Tischgebet vergleichen – wenn wir also *itadakimasu* rezitieren, ist das nicht ungewöhnlicher, als ein Tischgebet zu sprechen. Eines Tages rief eine meiner Schülerinnen an. Sie war vor kurzem in Naikan eingeführt worden und reagierte mit Enthusiasmus auf vieles, was sie darüber las. Es war ihr jedoch unwohl dabei, die Unterstützung durch Dinge anzuerkennen. Wenn es darum ging, sich bei Dingen zu bedanken, sperrte sich etwas in ihr. Als Beispiel nannte sie, sich bei seinen Socken zu bedanken, wenn man die Sockenschublade aufräumt, eine Aufgabe, die Schülerinnen und Schülern des »Constructive Living« manchmal gestellt wird. Sich bei den eigenen Socken zu bedanken erschien ihr albern und unangebracht. Viele meiner Landsleute würden schmunzelnd zustimmen.

Einer der Gründe, warum wir es befremdlich finden, uns bei Dingen zu bedanken, ist, dass sie uns nicht hören oder verstehen können. Wenigstens nehmen wir das an. Ich erinnere mich an eine Geschichte über eine Frau, die sich, nachdem sie aus dem Koma erwacht war, sehr verärgert über einige Krankenschwestern äußerte. Sie erinnerte sich, das diese sich bei ihrer täglichen Arbeit in verletzender Weise über sie geäußert hatten. Die meisten von uns glauben, dass uns Menschen, die schlafen, im Koma liegen oder gestorben sind, nicht hören können. Dennoch sprechen wir oft zu ihnen. Wie viele Mütter haben ihren schlafenden Kindern nicht schon gute Nacht gesagt? Wie viele Menschen haben sich nicht schon bei Beerdigungen von geliebten Verstorbenen verabschiedet oder ihnen ihre Liebe versichert? Das mag sich befremdlich anhören, aber in jenem Augenblick erscheint es uns natürlich und angemessen. Dennoch ist es offenbar seltsam, sich bei Socken zu bedanken.

Vielleicht hat unser Widerstreben, uns bei Dingen zu bedanken, etwas mit unserem unterscheidenden Denken zu tun. Wir sehen die Socken (unlebendig) nicht in Verbindung mit den Baumwollpflanzen, den Bauern und Fabrikarbeiterinnen (lebendig), die sie geschaffen haben. Wir sind vielleicht bereit, Letzteren zu danken, aber was die Socken anbetrifft, erscheint uns das albern. Mit ihrem Tischgebet danken viele Menschen im Westen Gott, nicht jedoch der Speise selbst. Gott gebührt unser Dank, aber der Speise zu danken wäre seltsam. Wir bedanken uns beim Automechaniker für eine Reparatur, aber dem Auto dafür zu danken, dass es uns zur Arbeit transportiert, kommt uns absurd vor. Solange wir bei diesen Unterscheidungen bleiben, können wir guten Gewissens bei unserer gewohnten Form der Dankbarkeit bleiben.

Doch können wir es wirklich dabei belassen? Was sind überhaupt Socken? Sind sie denn weniger als das Lebenswerk der Pflanzen und der Menschen, die sie gefertigt haben? Der Ursprung der Socken liegt im Leben einer Baumwollpflanze. Bauern, Fabrikarbeiterinnen, Lieferanten und andere Menschen geben Teile ihres Lebens dafür, diese Socken herzustellen. Diese Socken sind voller Leben! Wenn ich all das Leben aus der Herstellung dieser Socken herausnähme, würde nichts übrig bleiben. Sicher, es schlägt kein Herz in ihnen, aber sie dienen mir nichtsdestotrotz. Ohne für sich selbst etwas zu wollen, gehen sie mit mir überallhin, schützen meine Füße und dämpfen meine Schritte. Ich besitze verschiedene Paar dicke Baumwollsocken, die meine Füße im kalten Winter in Vermont wie eine warme Decke vor unseren blanken Holzdielen schützen. Vergegenwärtige ich mir den Dienst der Socken und den Aufwand ihrer Herstellung, dann bin ich dankbar. Aber es bleibt immer noch die lästige Frage, ob ich den Socken Dank sagen soll.

Der beste Grund, den ich anbieten kann, um Socken Dank zu sagen, liegt darin, dass sie ihn verdienen. Verdient nicht alles, was uns dient, schützt und unterstützt, ein Wort des Dankes? Doch es gibt noch einen weiteren Grund. »Danke« zu Menschen und Dingen zu sagen verändert Ihre Art, das Leben zu erfahren. Mit jedem »Danke« lenken wir unsere Aufmerksamkeit fort von unserer Selbstzentriertheit hin zu anderen, fort von unseren Problemen und Schwierigkeiten hin zu der Unterstützung, die wir von der Welt erfahren. Unsere Aufmerksamkeit bestimmt unser Leben, und wenn wir sie bewusst lenken, öffnet sie uns die Augen für die Tatsachen und offenbart uns, was die ganze Zeit da war: Socken.

ÜBUNG 6

Sie besteht in achtsamem »Danke«-Sagen. Bedanken Sie sich in den nächsten drei Tagen bei allen, die Ihnen etwas geben. Achten Sie darauf, dass Sie den Gegenstand oder die Hilfe, die Sie erhalten, benennen. Sagen Sie zum Beispiel: »Jim, danke, dass du beim Transport des Sofas geholfen hast.« Oder: »Danke, dass du mir noch einen Kaffee gebracht hast.« Diese Formulierungen helfen uns, die Achtlosigkeit des einfachen »Danke« zu vermeiden, das wir zwar äußern, ohne jedoch der Person oder der Hilfe wirklich Beachtung zu schenken.

Dankbarkeit ausdrücken

Ein Leben in Dankbarkeit zu leben bedeutet, die Augen für den vielfältigen Beistand zu öffnen, den wir durch unsere Umwelt erfahren. Wenn wir auf diese Weise leben, bleibt wenig Raum für unser Leiden, da wir unsere Aufmerksamkeit besser verwenden. Mehr als zuvor bemerken wir, was uns gegeben wird; wir bedanken uns für Hilfe und geben der Welt auf konkrete Weise etwas zurück für das, was wir gerade erhalten und in der Vergangenheit erhalten haben. Innerlich erfassen und reflektieren wir, nach außen hin drücken wir Dank aus und geben etwas zurück. Wenn Sie die Übungen am Ende eines jeden Abschnitts ausgeführt haben, haben Sie bereits eine gute Grundlage erworben, bewusster wahrzunehmen und zu handeln. Vielleicht nehmen Sie ausgebesserte Schlaglöcher auf der Straße bewusster wahr oder dass jemand für Sie eine Ladentür aufhält. Aber vielleicht gibt es Situationen, in denen Sie bei der Wahrnehmung solcher Dinge gar keine Dankbarkeit verspüren. Was tun, wenn Sie trotz Ihrer erweiterten Wahrnehmung noch immer aufgebracht, niedergeschlagen oder nachtragend sind?

Es gibt einen wichtigen Unterschied zwischen der inneren Erfahrung der Dankbarkeit in Gedanken oder Gefühlen und dem Ausdruck der Dankbarkeit in Form von Worten, einem kleinen Dankesbrief, einem Dienst oder Geschenken. Wenn wir etwas erhalten und keine Dankbarkeit empfinden, ist es zwecklos, dieses Gefühl hervorrufen zu wollen. Ein Gefühl ist ein Gefühl, wir haben keinen Einfluss darauf, und es ist Energieverschwendung, gegen Undankbarkeit anzukämpfen oder Dankbarkeit mit Macht in uns erzeugen zu wollen. Dennoch sollten wir mit einem *Ausdruck* von Dankbarkeit reagieren, sei es verbal, mit einem Brief oder einem Geschenk. Wer uns unterstützt hat, verdient unsere Aufmerksamkeit und unseren Dank, und wir können entsprechend handeln, auch wenn das Gefühl der Dankbarkeit fehlt. Um Dankbarkeit zu empfinden, ist es hilfreich, dass wir uns aktiv bewusstmachen, was wir erhalten haben. Es ist möglich, dass sich bei dem Bemühen, durch ein Geschenk oder einen Dienst unsererseits eine Gegenleistung zu erbringen, ein Gefühl der Dankbarkeit einstellt. Aber wenn wir ein solches Gefühl »erzeugen« wollen, so meist nur zu dem Zweck, uns selbst gut zu fühlen. Naikan fordert uns lediglich dazu auf, uns der Tatsachen bewusstzuwerden, und ob wir nun Dankbarkeit empfinden oder nicht, wir sollten sie *ausdrücken*, weil andere sie *verdient* haben.

»Sie müssen das Geheimnis der Dankbarkeit verstehen lernen. Sie ist mehr als eine sogenannte Tugend – sie erschließt sich Ihnen als ein mysteriöses Gesetz der Existenz. Wir haben unsere Bestimmung zu erfüllen, indem wir ihm Folge leisten.«

ALBERT SCHWEITZER

Sind wir bereit, unser Leben zu prüfen und uns anzusehen, wie oft wir versäumt haben, unsere Dankbarkeit für Empfangenes auszudrücken? Dies ist gefährliches Terrain, denn es ist nicht angenehm, anzuerkennen, dass man undankbar ist. Doch durch eine derartige Prüfung erfahren wir mehr über den Mechanismus der Undankbarkeit, und vielleicht bringen wir mehr Wertschätzung in unser Leben und das Leben anderer.

Aus meiner persönlichen Erfahrung heraus möchte ich elf Gründe beschreiben, aus denen Dankbarkeit misslingt:

1. **Fehlgerichtete Aufmerksamkeit.** Ich kann keine Dankbarkeit ausdrücken, da ich nicht bemerke, was mir gegeben wird. Wo ist/war meine Aufmerksamkeit? Wenn sie auf mich selbst gerichtet ist – auf meine Sorgen, meinen Schmerz, meine Träume, meine Probleme –, dann ist es unmöglich, der Geschenke des Lebens teilhaftig zu sein, die es jeden Augenblick bereithält. Wenn ich krank bin oder mein Auto streikt, dann ist es mir oft ganz selbstverständlich, mich auf meine Probleme zu konzentrieren, und ich bemerke und erkenne nicht die Hilfe anderer an.
2. **Mangel an Reflexion.** Ich bemerke manchmal nicht, was ich bekommen habe, bis ich mir einen Augenblick Zeit nehme, um mein Leben konkret zu reflektieren. Dann erst erkenne ich, was alles in einer bestimmten Situation für mich von Vorteil war, und auch das Ausmaß an Mühe, das andere auf sich genommen haben. Reflexion verhilft mir zu verstehen, inwiefern es mein Leben bereichert, wenn mir jemand ein kleines Geschenk macht oder einen Dienst erweist. Derartiges Nachsinnen, ob in einem ruhigen Moment oder während eines Naikan-Retreats, regt mich oft an, meinen Dank auszudrücken. Ohne Reflexion bin ich der Bedeutsamkeit der Unterstützung, die ich erfahre, nicht wirklich gewahr.
3. **Ich unterstelle, andere müssten doch »wissen«, wie dankbar ich bin.** Manchmal empfinde ich Dankbarkeit, versäume es aber, sie auszudrücken, denn ich gehe davon aus, dass die andere Person ohnehin um meine Dankbarkeit weiß. Das passiert meistens dann, wenn der andere Mensch mir sehr nahesteht. Ich verzichte vielleicht darauf, weil ich annehme, dass der oder die andere mich gut kennt und sich meiner Dankbarkeit gewiss ist. Doch das ist nicht immer der Fall. Und selbst wenn es so wäre, wäre es immer noch

gut, die Dankbarkeit auch auszudrücken. Ich kann mich an keinen Fall erinnern, in dem ich ein Dankesschreiben oder Worte des Dankes bedauert hätte.

4. **Zögern.** Viel zu oft habe ich mir gesagt: »Ich muss mich bei dieser Person bedanken«, und so lange gewartet, bis mein guter Vorsatz in Vergessenheit geraten war. Das Gefühl der Dankbarkeit ist oft in dem Moment am stärksten, wenn ich eine freundliche Geste empfange. Ich werde jedoch so schnell von anderen Dingen in Beschlag genommen, dass die Bedeutung dieser Geste schwindet; ich verliere ihren Wert aus den Augen, ebenso wie das Bemühen der Person, die mir etwas gewährt hat. Obwohl es das Beste ist, sich sofort zu bedanken, freue ich mich stets darüber, wenn sich jemand, dem ich half, noch Monate oder sogar Jahre später daran erinnert. Es ist nie zu spät für Dankbarkeit.
5. **Vergessen.** Wenn ich es mir nicht notiere, vergesse ich möglicherweise, mich zu bedanken. Ein verbales »Dankeschön« kann sofort gesagt werden, aber Geschenke und Briefe müssen in der Regel mindestens ein paar Stunden warten. Notizen und Listen sind gute Helfer. Die »Dankeschön«-Merkliste, die ich kürzlich an den Kühlschrank geheftet habe, hilft meinem schlechten Gedächtnis auf die Sprünge.
6. **Faulheit.** Manchmal liegt es eindeutig an meiner physischen oder mentalen Faulheit. Ein knappes Dankesbriefchen erfordert nur wenig Mühe, doch ich bringe sie nicht auf, obwohl das, was mir zugutegekommen ist, viel größeren Aufwand bedeutet hat. Das macht mich traurig.
7. **Es steht mir zu.** Manchmal sage ich mir, dass ich ein Recht auf das habe, was ich bekomme, deshalb sei Dankbarkeit unnötig. Das trifft insbesondere dann zu, wenn ich nach einer Vorauszahlung meine, ein Recht auf Gegenleistung

zu besitzen. In Wahrheit bin ich in doppelter Hinsicht etwas schuldig: zum einen denjenigen, die mich mit Geld versorgt haben, und zum anderen denen, die mir dafür Waren oder Dienstleistungen bereitstellen. In keinem Fall steht mir etwas zu, denn beides Mal empfange ich von anderen etwas.

8. **Sie tun nur ihre Pflicht.** Ich kann auch versuchen, mich von dem Ausdruck von Dankbarkeit freizusprechen, indem ich mir sage, dass jene Person nur ihren Job tut. Warum mich also für etwas bedanken, das ihre Pflicht ist? Ich ziehe jedoch Nutzen aus dem, was diese Person tut, ungeachtet ihrer Motivation, und dass es mir nützt, ist die einzige Voraussetzung dafür, Dank auszusprechen.
9. **Es hat wenig Mühe gekostet.** Meine innere Stimme sagt mir, Dankbarkeit sei unnötig, da die betreffende Leistung nichts Besonderes war. Doch eine einfache Gabe oder ein kleiner Gefallen kann mehr Mühe bereiten, als ich denke. Vielleicht hat mir jemand eine Fotokopie geschickt und lange nach einem Kopierer suchen müssen. Oder er war in Eile, hat aber dennoch einen Umweg in Kauf genommen, um den Brief mit der Kopie zur Post zu bringen. Dass ich etwas bekommen habe, ist Grund genug, meinen Dank auszudrücken.
10. **Die Person hat mir später Probleme oder Schwierigkeiten bereitet.** Wenn ich etwas von jemandem erhalte und diese Person mir später Probleme bereitet, macht das die ursprüngliche, mir zugedachte Handlung oder Hilfe ungeschehen? Sicher nicht. Nehmen wir an, ein Geschäft liefert eine Bestellung nicht pünktlich aus, frühere Bestellungen hingegen erfolgten ohne Verzögerung. Unabhängig davon, wie sie sich jetzt verhalten, habe ich von den bisherigen Lieferungen profitiert, und zwar vermutlich ohne besonde-

re Dankbarkeit zu empfinden. Jetzt bin ich wahrscheinlich ärgerlich oder voller Groll. Doch gerade diese Situation ermöglicht es mir, ihren bisherigen Service und ihre bisherigen Leistungen anzuerkennen. Albert Schweitzer meinte: »Jemand, dem Sie Dank schulden, sollte für Sie niemals eine beliebige Person unter anderen sein, sondern jemand Besonderes für Sie bleiben, wie etwas, das Ihnen heilig ist.«

11. **Der Gebende ist nicht mehr da oder ist mir nicht bekannt.** Wenn wir den Namen oder Aufenthaltsort von jemandem, der zu unserem Leben etwas beigetragen hat, nicht kennen, ist es oft nicht möglich, Dank auszudrücken. In meinem Garten stehen einige Rosenbüsche. Ich vermute, dass sie von einem der Vorbesitzer meines Hauses gepflanzt wurden, aber ich habe keine Ahnung, wer es war oder ob er oder sie noch am Leben ist. Jedes Jahr schneide ich Rosen daraus und stelle sie in eine Vase in meinem Büro. Wie kann ich meine Dankbarkeit für solch eine schöne Gabe ausdrücken, die sich noch dazu immer wieder erneuert? Nun, ich kann die Rosenbüsche gut pflegen. Ich glaube, das ist eine Möglichkeit, der Person Dank zu bezeugen, die viele Stunden für Aufzucht und Wachstum der Rosen verwendet hat, bevor sie zu meinen Wegbegleitern wurden. Ich kann auch weitere Rosen für diejenigen pflanzen, die nach mir in diesem Haus leben. Zwar käme das nicht denen zugute, welche die Rosen ursprünglich gepflanzt haben, aber wenn ich näher hinsehe, erkenne ich, dass die Herkunft dieser Gabe viel weiter reicht. Sie schließt Sonne, Regen, den Boden, eine Gärtnerei, einen Düngemittelhersteller und noch vieles mehr ein. Betrachte ich alles, was nötig ist, bis das Universum mir schließlich eine Rose darbietet, ist meine Dankbarkeit angemessener, wenn sie wei-

ter gefasst ist und über eine einzelne Person hinausgeht. Das gilt ebenso für die Rose selbst. Auch wenn ich es bin, der sie gießt und beschneidet, blüht sie und offenbart ihre Schönheit für alle, die sich ihr einen Moment lang zuwenden.

ÜBUNG 7

Diese Übung besteht darin, ausschließlich die Beziehung zu einer anderen Person zu prüfen. In Japan ist dies die traditionelle Art, Naikan zu üben, und man beginnt normalerweise mit der Prüfung der Beziehung zur eigenen Mutter. Wenn Sie es vorziehen, können Sie die Beziehung zu Ihrem Vater prüfen, zu Ihrer Partnerin, Ihrem Lehrer, Ihrer besten Freundin oder einer anderen wichtigen Person. Sie prüfen die gesamte Geschichte dieser Beziehung, unterteilen sie jedoch in kürzere Zeitabschnitte. Wenn Sie sich gegenüber einem Elternteil prüfen, beginnen Sie mit dem Abschnitt von Ihrer Geburt bis zu Ihrem neunten Lebensjahr. Dann fahren Sie in Dreijahresabschnitten fort. Wenn Sie sich gegenüber Ihrer Partnerin oder Ihrem Partner prüfen, können die Abschnitte ein oder zwei Jahre betragen, je nachdem, wie lange Ihre Beziehung schon währt. Strukturieren Sie Ihre Prüfung mit den drei Naikan-Fragen *(Was habe ich bekommen? Was habe ich gegeben? Welche Schwierigkeiten habe ich bereitet?)*.

Prüfen Sie sich täglich eine Stunde zu einer jeweils anderen Periode, bis Sie die gesamte Zeit Ihrer Beziehung vom Beginn bis zum heutigen Tag erfasst haben. Sehen Sie anschließend Ihre Notizen durch und denken Sie darüber nach, was diese Beziehung für Sie bedeutet. Gibt es einen Weg, Ihre Wertschätzung für etwas auszudrücken, das Ihnen gegeben wurde?

Der Zug

Der Zug fährt einfach weiter.
Gleich, welche Route du wählst, er hält nicht an.
Es gibt nur die Fahrt.

Viele Reisende – ein Ziel.
Der Mann neben mir sagt:
»Man sollte die Gleise in Ordnung bringen, die Fahrt ist zu holprig.«

Er sitzt neben mir, aber sein Zug ist ein anderer.
Er fragt den Schaffner.
»Sind wir schon da?«
»Nein, wir sind jetzt hier.«

Wo wir auch hinfahren, die Landschaft reist in die andere Richtung.
Beim Blinzeln entgeht mir so viel.
Schlafe ich ein, scheint die Reise schneller zu gehen.
Ich bleibe lieber wach.
Ich möchte jede kleine Stadt sehen, jede Straße, jedes Blatt an
jedem Baum.

Der Schaffner hält mich wach.
Wie nett von ihm. Sogar mein Fahrschein war ein Geschenk.

Jetzt das swsssschhhh eines dunklen Tunnels.

Beispiel für einen Naikan-Bericht: Jemand prüft seinen Umzug in ein neues Heim

Ein Auszug aus einem Haus oder einer Wohnung kann äußerst belastend und anstrengend sein; man muss sich um tausenderlei Dinge kümmern. In einer solchen Situation übersehen wir leicht, wie viel Unterstützung und Hilfe wir erhalten, um mit unserem gesamten Leben von einem Ort zu einem anderen überzusiedeln. Im folgenden Beispiel prüft ein Mann seine Erfahrungen während der Tage des Packens und Umziehens. Überlegen Sie, ob Sie selbst eine derartige Belastung in einem neuen Licht sehen würden, wenn Sie sich im Naikan dazu prüfen.

Was habe ich bekommen?

1. Mein Freund Ron kam und half beim Be- und Entladen des LKW (neun Stunden lang).
2. Auch mein Freund Dave kam und half beim Be- und Entladen des LKW (neun Stunden lang).
3. Ed, ein Arbeitskollege meiner Frau, half beim Be- und Entladen des LKW und kam am nächsten Tag wieder, um die Arbeit zu Ende zu bringen (zwölf Stunden lang).
4. Ed hat eine Rampe zur Ladefläche gebaut, um das Entladen zu erleichtern.
5. Der Autoverleih hat mir den größtmöglichen Transporter reserviert und mich mit einer Lastkarre und Matten und Benzin und einer Anleitung, wie der LKW zu fahren ist, versorgt.
6. Als der LKW am zweiten Tag nicht anspringen wollte, hat die Verleihfirma für einen Mechaniker gesorgt, der kam und die Batterie überbrückte.

7. Ron hat geholfen, den besten Weg zu finden, um das Klavier aus dem Haus und auf den LKW zu schaffen.
8. Während der Fahrt zum neuen Haus blieben alle entgegenkommenden Fahrer in ihrer Spur.
9. Meine Freunde Jiun und Banzan kamen am Ende ihres Urlaubs für einen Tag und halfen beim Packen, obwohl sie nach Übersee zogen und nach New York zurückmussten, um ihre eigenen Sachen zu packen.
10. Unsere Vermieterin war sehr entgegenkommend und hat uns erlaubt, ein paar Dinge über den Auszugstermin hinaus in der Garage zu lassen.
11. Am Umzugstag war schönes Wetter.
12. Beim Beladen wurden mir Handschuhe angeboten.
13. Ich konnte den LKW fahren, weil mein Vater mir die Bedienung einer Knüppelschaltung beigebracht und mir später bei seiner Firma einen Job als Fahrer beschafft hatte.
14. Meine Brille hat es mir ermöglicht, besser zu sehen.
15. Meine Uhr hat es mir ermöglicht, den zeitlichen Überblick zu behalten.
16. Meine Frau hat den Großteil des Packens erledigt und am Umzugstag ein Mittagessen für alle zubereitet.
17. Einige Steine halfen, den LKW zu sichern, damit er beim Parken nicht ins Rollen geriet.
18. Jemand hatte den größten Teil der Straße gepflastert, auf der ich zum neuen Haus fuhr.
19. Stacy, die Vorbesitzerin, hat es mir erlaubt, bereits am Vortag einige Kisten hinüberzuschaffen, um schon einen Anfang zu machen.
20. Mein Arbeitgeber hat die Kosten für die LKW-Miete übernommen.
21. Barbara half, meinen Computer zu verpacken.
22. Meine Frau hat abends chinesisches Essen geholt.

23. Ich bekam einige leere Kartons vom örtlichen Supermarkt.
24. Unser alter Subaru hat einige zerbrechliche Sachen zum neuen Haus transportiert.
25. Decken und Matten haben das Klavier vor Schäden bewahrt.
26. Unsere Vermieterin hat die Kaution zurückgezahlt.

Was habe ich gegeben?

1. Ich habe Ed etwas Geld gegeben.
2. Ich habe Dave etwas Geld gegeben.
3. Ich habe das Mittag- und das Abendessen für Ed und Dave bezahlt.
4. Ich habe den Tank aufgefüllt.
5. Ich habe das alte Haus sauber und in gutem Zustand hinterlassen (dank meiner Frau).

Welche Probleme und Schwierigkeiten habe ich bereitet?

1. Auf der Fahrt blieb ich mit dem LKW auf einer Anhöhe liegen, und die Fahrzeuge hinter mir mussten um mich herumfahren. Es wurde dunkel, und sie konnten nicht über die Kuppe sehen, deshalb war die Situation sehr gefährlich. Viele Fahrer haben sich verspätet, und es war für sie mühsam und ärgerlich, sich an mir vorbeizutasten.
2. Ron ist ausgestiegen, um den Verkehr zu dirigieren, und hat damit seine eigene Sicherheit aufs Spiel gesetzt.
3. Wir waren mit dem Packen nicht fertig, deshalb hat der Umzug länger als nötig gedauert.
4. Das Schleppen der Kisten war anstrengend und hat den anderen gehörigen Muskelkater verursacht.

5. Ich habe viele Wochen lang einige Sachen in der Garage meiner ehemaligen Vermieterin gelassen, und das hat einige Probleme mit den neuen Mietern bereitet.
6. Mein Werkzeug und das, was zum alten Haus gehört, ist durcheinandergeraten, und ich glaube, ich habe einiges mitgenommen, was mir nicht gehört.
7. Ron blieb länger als geplant in dem neuen Haus. Sein Vater war aus der Stadt zu Besuch gekommen; Ron kam spät nach Hause und verpasste das Abendessen. Wie sich herausstellte, starb sein Vater wenige Wochen später, und es war das letzte Mal, dass er ihn sah.
8. Mein Hund war ganz durcheinander und verstand nicht, was da vor sich ging.
9. Ich habe den LKW, seinen Motor und seine Bremsen abgenutzt.
10. Ich habe einiges Durcheinander gestiftet, weil ich unschlüssig war, wie das Klavier auf den LKW zu schaffen sei.
11. Einer der Helfer hat sich beim Absetzen eines großen Schrankes die Hand gequetscht.

Anderen geben

Wenn Sie die Naikan-Übungen im ersten Teil des Buches durchgeführt haben, dann haben Sie bereits etwas über Ihre Schulden und Ihr Guthaben erfahren. Entweder steht die Welt in Ihrer Schuld, oder Sie schulden der Welt etwas. Natürlich besteht die Möglichkeit, dass zu diesem Zeitpunkt Ihres Lebens alles ausgeglichen ist. Als ich begann, mein Leben zu prüfen, war ich überrascht, dass ich durchgängig mehr erhalten als gegeben hatte. Und dabei blieb es, ob ich nur einen einzelnen Tag prüfte oder eine Langzeitbeziehung zu einem Freund oder zu Familienangehörigen. Meine Bilanz ergab, dass ich Fürsorge und Unterstützung weit über das hinaus erhalten hatte, was mir bewusst gewesen war und was ich vor der Prüfung erwartet hatte. Anders gesagt, ich hatte Schulden; ich habe weniger gegeben als empfangen und muss das Defizit in meiner Lebensbilanz akzeptieren.

Wenn uns bewusst wird, was wir empfangen haben und was wir schulden, mag es ganz natürlich erscheinen, der Welt etwas zurückgeben zu wollen. Ob wir unsere Schulden tatsächlich zurückzahlen und ein weiteres Anwachsen verhindern, ist entscheidend von unserem Bemühen abhängig. Vielleicht erkennen wir, dass wir trotz größten Bemühens unsere Schulden nie zurückzahlen können, doch wenn wir den Versuch einstellen, entfernen wir uns von der Erkenntnis, wie tief wir mit dem Leben verbunden sind.

Bei dem Versuch, der Welt etwas zurückzugeben, werden sich innere Blockaden melden. Dazu gehören Bequemlichkeit, Nachlässigkeit, Arroganz, Selbstbezogenheit und Stolz. Vielleicht haben wir ein schlechtes Gedächtnis, haben Vergangenes vergessen und erleben den Alltag eher als Bürde und weniger als Chance, etwas zurückzugeben.

Mein Freund Gregory Willms und ich leiteten ein Naikan-Retreat, und Gregory erledigte dabei ständig mehr Abwasch, als es der Aufgabenverteilung unter uns entsprach. Eines Nachmittags kam ich vom Einkaufen zurück und fand ihn wieder einmal beim Spülen vor.

»Warum lässt du das nicht, Gregory?«, sagte ich. »Ich erledige das, sobald ich die Lebensmittel weggeräumt habe.«

»Ist schon in Ordnung. Wenn ich mir klarmache, wie viel von meinem schmutzigen Geschirr von anderen gespült wurde, kann ich gar nicht genug spülen, um das auszugleichen.«

Für ihn spielte sein anteiliges Pensum keine Rolle. Hätte er sich danach gerichtet, wäre er verärgert gewesen, noch einen weiteren Berg benutzten Geschirrs vorzufinden. Aber da er sich die Berge von Geschirr vorstellte, die im Laufe seines Lebens für ihn gespült worden waren, nahm er einen anstehenden Abwasch einfach als Gelegenheit, der Welt ein wenig zurückzugeben. Es war keine große Sache. Es war nichts weiter als ein einfacher Dienst.

Mitgefühl und Aufmerksamkeit

Ist es möglich, mitfühlend zu handeln, wenn wir mit unseren Gedanken und Gefühlen bei uns selbst sind? Wenn wir uns mit offenen Augen umsehen, finden wir Möglichkeiten, für andere da zu sein, doch diese Situationen entgehen uns, wenn wir uns auf uns selbst konzentrieren, auf unser Unbehagen, unseren Ärger, auf das, was uns lästig erscheint, oder auf unsere Wünsche. Jemand, der mitfühlend handelt, ist aller Wahrscheinlichkeit nach auch jemand, der seine Umgebung aufmerksam wahrnimmt; beide Eigenschaften stehen in engem Zusammenhang.

Es gibt eine Anekdote, in der ein Attentäter zu einer von Gandhis öffentlichen Reden erschien, mit verborgener Waffe und der Absicht, ihn zu töten. Nach Gandhis Ansprache begann er zu weinen, ließ die Waffe fallen und lief zu Gandhi hinauf. Er fiel auf die Knie und gestand voller Scham, dass er beauftragt sei, ihn zu töten, aber seinen Auftrag nicht mehr ausführen könne. Gandhi fragte ihn, was mit ihm passieren werde, wenn er bei seinem Attentatsversuch versagte. Stellen Sie sich vor, Sie erfahren, dass man Sie umbringen wollte – dass nur wenige Augenblicke zuvor ein Mann vorhatte, Ihnen eine Kugel in den Kopf zu jagen und Ihr Leben zu beenden. Gandhis Sorge jedoch gilt der Situation des Mannes, nicht seiner eigenen. »Was wird mit Ihnen geschehen?«, fragt er. »In welche Schwierigkeiten geraten Sie?« Es erscheint unfassbar, sich über die Probleme eines Attentäters Gedanken zu machen, die dadurch entstehen, dass man ihn unabsichtlich von seinem Vorhaben abgebracht hat. Aber genau das war Gandhis Reaktion.

»Betrachten Sie den Apfelbaum in Ihrem Garten. Betrachten Sie ihn voller Aufmerksamkeit. Er ist wahrhaftig ein Wunder. Wenn Sie das bemerken, werden Sie gut für ihn sorgen und damit ein Teil seines Mysteriums werden.«

THICH NHAT HANH

Gandhis Sichtweise entspricht der dritten Naikan-Frage: »Welche Probleme bereite ich anderen?« Können Sie sich vollkommeneres Mitgefühl vorstellen? Er ist nicht mit seinem eigenen Schrecken und seiner Angst befasst, und er ist auch nicht um sein Wohlergehen besorgt, sondern er macht sich Gedanken um den anderen.

William James erzählt eine Anekdote über den Autor Horace Fletcher. Dieser hatte die Hotelrechnung bezahlt und wartete am Bahnhof auf seinen Zug, allerdings waren seine Koffer noch nicht aus dem Hotel eingetroffen. Erst in dem Moment, als der Zug abfuhr, traf der Gepäckträger des Hotels völlig außer Atem mit den Koffern ein; sein Gesichtsausdruck zeigte, dass er auf Ärger gefasst war. Fletcher berichtet: »Ich habe zu ihm gesagt: ›Es macht nichts, Sie konnten nichts dafür, also verschieben ich meine Abreise auf morgen. Hier ist Ihr Geld. Es tut mir leid, dass Sie es sich so sauer verdienen mussten.‹ Der Gepäckträger zeigte sich völlig überrascht und strahlte gleichzeitig dermaßen vor Freude, dass das den Aufschub meiner Abreise mehr als wettmachte. Am nächsten Tag weigerte er sich, auch nur einen Cent für seine Dienste anzunehmen, und er und ich sind heute noch befreundet.«

Was ist für Fletcher wichtig? Er bemerkt, wie sehr sich der Träger angestrengt hat und wie unwohl er sich in seiner Haut fühlen muss, und er stellt sich dessen Enttäuschung vor, es mit den Koffern nicht rechtzeitig zum Zug geschafft zu haben.

Fletcher entlohnt den Träger, und dann entschuldigt er sich bei ihm!
Beide, Gandhi und Fletcher, kümmern sich weniger um ihre eigenen Belange als vielmehr um die Probleme, die sie verursachen – sie richten ihre Aufmerksamkeit auf andere und sind innerlich bei deren Leid und Sorgen. So entsteht ihr spontanes Mitgefühl.
Diese Geschichten sind sicher nicht alltäglich. Doch wenn Selbstreflexion es ermöglicht, den Schwerpunkt der Aufmerksamkeit derart zu verlagern, sind sie vielleicht Beispiele für eine ganz natürliche Reaktion. Wir können wach werden und beginnen, anders zu fragen. Anstatt »Wie ziehe ich Nutzen aus anderen?« kann die Frage lauten: »Wie kann ich anderen nützen?«

Strategien der Hingabe

Vor etwa sechzig Jahren schrieb David Dunn für das *Forbes Magazine* einen kurzen Artikel mit dem Titel »Versuche, dich selbst zu geben«. Danach erschien der Artikel im *Reader's Digest,* wurde nachträglich erweitert und im Jahre 1947 als Buch veröffentlicht. Dunn erklärt, dass er »sich selbst geben« als Steckenpferd ansah, nicht weil er selbstlos, freigebig oder aufopferungsvoll sein wollte, sondern weil er herausfand, dass ein derartiges »Hobby« sein Leben ungemein bereicherte. Hier ist eine Zusammenfassung seiner Strategien und Empfehlungen für jene, die sich ebenfalls darauf einlassen möchten:

- Geben Sie hilfreiche Ideen an andere weiter. Wenn Sie ein Geschäft aufsuchen und meinen, dass eine bestimmte Idee dem Laden nützen könnte, teilen Sie sie der Geschäftsführung mit oder schreiben Sie ihr einen kurzen Brief.

- Bedanken Sie sich beim Kellner für einen guten Service und beim Küchenpersonal für ein schmackhaftes Gericht.
- Statt anderen Geld zu geben, geben Sie lieber Ihre Zeit und Ihr Bemühen.
- Folgen Sie Ihrem Impuls zu geben, und handeln Sie spontan, wenn sich die Gelegenheit dazu bietet.
- Beginnen Sie morgens so früh wie möglich damit, sich selbst zu geben.
- Sie benötigen dazu keinen großen Zeitaufwand, schon ein paar Minuten am Tag bewirken einen Unterschied.
- Um neue Möglichkeiten zu finden, sich zu geben, versetzen Sie sich in die Lage einer jeden Person, der Sie begegnen.
- Lächeln überwindet alle Sprachbarrieren. Lächeln Sie oft.
- Verschicken Sie täglich Briefe und Postkarten.
- Zeigen Sie Wertschätzung, wo immer Sie können.
- Wenn Sie sich bei anderen bedanken, benennen Sie genau, wofür.
- Pflegen Sie die Gewohnheit, auf Dinge zu achten und wachsam gegenüber Ihrer Umgebung zu sein.
- Heben Sie Abfall von der Straße auf.

Dunn empfiehlt, das Sich-selbst-Geben nicht auf wenige Menschen zu beschränken, sondern den Kreis möglichst weit zu ziehen. Er meint: »Der wichtigste Grund, unser Sich-selbst-Geben nicht auf wenige Menschen zu begrenzen, ist, dass sie dadurch möglicherweise egoistisch werden, und das wäre ein schlechter Dienst an ihnen ... Wenn sich die Leute also zunehmend an Ihr Geben gewöhnen und anfangen, es einzufordern, ist es an der Zeit, bei diesen Menschen damit aufzuhören.«

> *»Es scheint ein Gesetz des Lebens zu sein, dass wir uns dann am meisten bereichern, wenn wir uns selbst geben, ganz und gar und aus freien Stücken.«*
>
> DAVID DUNN

Wenn Sie also Ihr Leben betrachten und das Bedürfnis entwickeln, der Welt etwas zurückzugeben, dann können Sie einige von Dunns Empfehlungen ausprobieren. Selbstreflexion erleichtert das Geben, und das Geben wiederum unterstützt Ihre Selbstreflexion – beides verstärkt sich gegenseitig. Und während wir geben, empfangen wir weiterhin. Wir empfangen, um zu geben; wir empfangen, weil wir gegeben haben. Wir tilgen unsere Schulden und schauen zu, wie sie erneut anwachsen.

Sich selbst weggeben – sich selbst einen Weg geben.

Dienen erfordert Aufmerksamkeit

Bei einem »heimlichen Dienst« für jemanden bleibt die Identität desjenigen, der den Dienst leistet, unbekannt – er erhält weder Gegenleistung noch Anerkennung. Während eines Trainings im »Constructive Living« wurde einer Teilnehmerin die Aufgabe gestellt, einem anderen Teilnehmer einen heimlichen Dienst zu leisten. Nach zwei Tagen hatte sie ihre Aufgabe noch immer nicht erfüllt. Sie zeigte sich deutlich frustriert und verlegen, dass ihr überhaupt nichts eingefallen war. Am Nachmittag fuhren wir zusammen zum Supermarkt. Dort angekommen, bat ich sie, draußen zu bleiben. »Sieh dir dieses Geschäft an«, sagte ich,

»sieh es dir bitte genau an. Überleg, ob dir für dieses Geschäft drei heimliche Dienste einfallen. Ich gehe hinein und besorge die Lebensmittel.« Als ich nach etwa zwanzig Minuten zurückkam, hatte sie problemlos drei heimliche Dienste gefunden und notiert:

- auf dem Parkplatz die Abfälle aufheben
- ein überholtes Plakat von der Wand abnehmen
- herumstehende Einkaufswagen zum Eingang bringen

Sie erkannte, dass sie zuvor von ihrem Grübeln, was sie bloß tun könne, völlig in Anspruch genommen gewesen war. Dann waren ihre Gedanken um die entstandene Frustration und Hilflosigkeit gekreist, was ihre Aufmerksamkeit noch weiter nach innen gelenkt hatte. Unmittelbar nachdem wir zurückgekehrt waren, erledigte sie ihren Auftrag.

Wenn wir die Tatsachen sehen, indem wir hinschauen – auf unsere Partnerin, unser Auto, den Tankwart –, dann entdecken wir zahllose Möglichkeiten, etwas für andere zu tun. Diejenigen, die am meisten mit sich selbst beschäftigt sind, leiden auch am meisten. Ihnen entgeht zudem, wie befriedigend es ist, sich um die Bedürfnisse anderer zu kümmern.

Bei genauerem Hinsehen zeigt sich, dass auch mitfühlendes Handeln stets nur durch das konkrete Mitwirken anderer möglich ist. Wir füttern die Vögel mit Futter, das andere uns geliefert haben. Wir helfen einem frustrierten Fahrer beim Reifenwechsel mit Hilfe von Werkzeug und einem Ersatzrad, hergestellt von anderen. Wir zahlen mit dem Geld, das andere uns gegeben haben, einen Beitrag an eine Hilfsorganisation. Wir sind einfach nur Mitglieder eines riesigen Teams, das sich fortwährend um die Bedürfnisse des Lebens kümmert. Das Team funktioniert gut. Tatsächlich funktioniert es so gut, dass es schwer ist, einzelne Spielerinnen und Spieler zu identifizieren. Es sieht so aus, als griffen alle beständig aufeinander zurück.

Die Tatsachen wiederherstellen

Neulich war ich auf einer Baustelle bei der Gaststätte »Sweet Onion« in Hancock, Vermont. Mein Freund Ron, dem die Gaststätte gehört, errichtet daneben ein Wohnhaus für sich und seine Familie, und ich fuhr hin, um ihm zu helfen. Ich tue ihm damit einen »Gefallen«, und er kommt hinauf zum ToDo-Institut und hilft uns bei Reparatur- und Renovierungsarbeiten. Es ist eine zweckmäßige Vereinbarung, und ich betrachte dieses Tauschgeschäft gern als ausgewogen. Ich helfe ihm, er hilft mir.

Doch indem ich darüber nachdenke, wird mir klar, dass von Ausgewogenheit nicht die Rede sein kann. Ron war viel öfter bei mir als ich bei ihm; Hin- und Rückfahrt dauern zwei Stunden, was bedeutet, dass er auch mehr Fahrzeit investiert hat. Als das ToDo-Institut das Grundstück erwarb, gab es ein Problem mit der Kläranlage. Es stellte sich heraus, dass wir den Abwassertank ausgraben und das Rohr, das vom Haus zum Tank verläuft, erneuern mussten. Leider verläuft dieses Rohr unter einer sehr schön angelegten Holzterrasse hindurch, von der aus der Sonnenuntergang in den Adirondack-Bergen zu bewundern ist. Ron kam einige Tage hintereinander und half mir, die Terrasse sorgsam abzubauen und beiseitezuschaffen, damit ein Bagger den Boden ausheben konnte. Es war November, es lag Schnee, und die Terrasse war gefroren, also besorgte

Ron tragbare Gasheizungen, die wir darunterstellten, um das Holz aufzutauen.

Ron half uns, das Büro zu renovieren und das künftige Schlafzimmer für meine Adoptivtochter einzurichten, bevor sie aus China eintraf. Er half mir, einen Schreibtisch zu einem Wickeltisch umzubauen und im Keller ein Duschbad zu installieren. Als meine Tochter ankam, schenkte er ihr als Willkommensgruß einen kleinen Schaukelstuhl, den er selbst gebaut hatte.

Bevor er nach Vermont umzog, arbeitete Ron als Baumeister und Handwerker. Wenn er zu uns kommt, hat er Werkzeug bei sich, von dessen Existenz ich vorher keine Ahnung hatte. Wenn ich hinfahre, habe ich nur einen Hammer und einen Schraubenzieher in der Tasche. Bei seiner Arbeit hier fungiere ich als Assistent, und wenn ich zu ihm fahre, ebenso.

Wenn wir jemandem einen »Gefallen« tun, entwickeln wir leicht einen gewissen Stolz, oder wir denken: »Wie nett von mir, dass ich das tue.« Manchmal jedoch, wenn wir erkennen, wie viel andere schon für uns getan haben, werden wir bescheiden und sehen ein, dass unser Gefallen nur eine kleine Geste ist im Vergleich zu den zahlreichen Geschenken und Hilfestellungen, die uns zuteil geworden sind. Diese Überlegung bekommt besonders Gewicht, wenn es darum geht, sich um die eigenen Eltern zu kümmern. Wie leicht vergessen wir die Jahre, in denen sie unsere Windeln gewechselt und uns gebadet haben.

Als ich Ron einen Gefallen tat, erhielt ich einige Expertentipps, wie man spezielle Handgriffe anwendet, um Wandverschalungen zu tragen, wie man einen Tacker benutzt, wie man die Winkel berechnet, um ein Treppenhaus zu bauen, und ganz nebenbei bekam ich noch ein Stück selbstgebackenen Kuchen, ein Haferplätzchen, eine Tasse Tee und ein Stück von der Bohnenpastete, die für die Abendgäste vorgesehen war.

Als ich abends nach Hause kam, betrat ich mein Heim durch

eine neue, isolierte Eingangstür aus Stahl, die Ron einige Tage zuvor mit mir zusammen eingebaut hatte. Dank der gutgeölten Scharniere lässt sie sich leicht öffnen und schließen. Die Tür zu meiner Bescheidenheit öffnet sich leichter, wenn ich mein Gedächtnis nicht einrosten lasse – wenn ich es für das, was ich bekommen habe, wach halte.

Danken Sie nicht mir …

Carl, ein alter, weißhaariger Mann, lebt in einer kleinen Stadt in den Green Mountains von Vermont. Er trägt eine grüne Mütze und fährt einen rostigen grauen Pick-up. Carl ist ein freundlicher, liebenswerter Bursche. Er redet nicht viel, winkt aber jedem auf der Landstraße zu, auch wenn er ihn nicht kennt. Er ist der Typ, der sonntagmorgens anhält und Ihnen hilft, einen platten Reifen zu wechseln, auch wenn er deswegen zu spät zum Gottesdienst kommt. Er meint: »Warum in der Kirche hocken und jemand über Gott reden hören, wenn man hier draußen für ihn arbeiten kann?«

Das Besondere an Carl ist, dass er den Dank, den man ihm für etwas ausspricht, nicht annimmt, sondern ihn weiterreicht. Zum Beispiel hat er bei Mrs. Archer einen Sack Kartoffeln abgeladen, und sie hat sich bei ihm bedankt. Er hat ihr geantwortet: »Danken Sie nicht mir, danken Sie den Kartoffeln.«

Ein andermal half er John Stevens, dessen Traktor zu reparieren. Als John ihm dankte, sagte Carl: »Danken Sie nicht mir, danken Sie meinem Vater. Er hat mir alles beigebracht, was ich über Traktoren weiß.«

Als Beth Wilder sich bei Carl dafür bedanken wollte, dass er sie an einem eiskalten Wintermorgen mit in die Stadt genommen hatte, sagte er: »Danken Sie nicht mir, danken Sie dem Pick-up.«

Die Menschen, die Carl kennen, haben sich an seine amüsante, etwas seltsame Art zu antworten gewöhnt. Manchmal denken sich die Kinder etwas aus, wofür sie ihm danken können, nur um eine neue Variante seines »Dankt nicht mir ...« zu hören. Sie machen sich ein Spiel daraus.

Als die fünfjährige Jessica Ihrer Mutter eine selbstgemalte Geburtstagskarte schenkte, umarmte ihre Mutter sie und bedankte sich. Jessica lächelte sie an und sagte: »Dank nicht mir, dank den Buntstiften.« Ihre Mutter hat sich gebogen vor Lachen.

Irgendwann einmal hat jemand Carl gefragt: »Warum sagen Sie immer ›Danken Sie nicht mir‹ und geben dann den Dank an jemanden oder an eine Sache weiter?« Carl hielt einen Augenblick inne und überlegte. »Tja«, antwortete er, »so ist es nun mal.«

Danke, Carl.

Eine Geschichte: Die gebende Prinzessin

Vor langer Zeit lebte in dem fernen Land Unperfektien eine Prinzessin namens Lynea. Sie war wunderschön, und schon als Kind war ihr Herz voller Güte. Und sie entschied sich, ihr Leben damit zu verbringen, freundlich und mitfühlend zu allen lebenden Wesen zu sein. Dazu gehörte, dass sie Geschenke verteilte, wann immer es möglich war.

Als sie im Laufe der Zeit ihr Leben immer mehr dieser Aufgabe widmete, tauchte ein Problem auf. Je mehr sie gab, desto mehr wurde sie von dem Gedanken besessen, »vollkommene« Geschenke zu machen. Schließlich ging es so weit, dass sie kein einziges Geschenk mehr machen konnte, weil sie jedes Geschenk für unvollkommen hielt. Aus diesem Grund suchte sie den Zauberer Abakra auf, der im ganzen Land für seine große Zauberkraft gerühmt wurde.

»In letzter Zeit ist es so schlimm geworden, dass ich überhaupt keine Geschenke mehr machen kann. Ich will Euch drei Beispiele nennen. Als Erstes war da ein alter Bettler, der am kältesten Tag des Winters ins Schloss kam. Es war so kalt, dass ich es nicht wagte, auch nur einen Fuß vor die Tür zu setzen, ich wäre auf der Stelle zu Eis erstarrt. Der Bettler, der fror und ganz erschöpft war, bat mich um einen alten Wintermantel, der ihn wärmen könnte. Ich besitze viele Wintermäntel, aber keiner schien für einen derart schrecklichen Winter geeignet. Der eine war aus Pelz, hatte aber keine Kapuze. Ein anderer hatte zwar eine Kapuze, war aber nicht gefüttert. Da mir klar war, dass kein Mantel warm genug sein würde, sagte ich ihm, wie leid es mit täte. Mein Herz war schwer vor Traurigkeit, aber ich konnte mich nicht dazu überwinden, ihm einen Mantel zu geben, der seinen Bedürfnissen nicht vollkommen entsprochen hätte.

Die zweite Begebenheit entstand aus meinem Entschluss, meinem Vater zu seinem Geburtstag ein Bild zu schenken. Ich ging zu seinem Lieblingsbach in den Wäldern, stellte die Staffelei auf und begann zu malen. Leider ist mein Talent nur mäßig, und sosehr ich mich auch bemühte, ich konnte die Schönheit des Baches nicht auf die Leinwand bannen. Ich verbrauchte eine Leinwand nach der anderen, weil das Ergebnis nie gut genug war. Schließlich kam der Geburtstag meines Vaters, und ich hatte kein Geschenk für ihn. Und wieder war mein Herz voller Traurigkeit und Bedauern.

Und letzte Woche schließlich habe ich einen gutaussehenden

jungen Mann aus einem benachbarten Königreich geheiratet. Ich liebe ihn sehr und wollte ihm eine ganz besondere Hochzeitsnacht schenken. Aber als es an der Zeit war, konnte ich mich nicht entkleiden. Ich dachte an meinen unvollkommenen Körper und schämte mich, ihm als Braut so etwas zu bieten. So kommt es, dass wir die Ehe noch nicht vollzogen haben. Dies bereitet ihm großen Kummer, und wieder ist mein Herz voller Trauer.

Ich bin zu Euch gekommen, Abakra, weil Ihr große Zauberkräfte besitzt. Ich wollte Euch um einen Zauberspruch bitten, der alle meine Geschenke vollkommen macht, damit ich nicht länger Grund habe, sie zurückzuhalten.«

Abakra schaute der Prinzessin tief in die Augen. Er sah ihren Schmerz und das Leiden, das sie in sich trug. Doch als er schließlich sprach, hatte er ihr keinen Zauber anzubieten.

»Es tut mir leid, Prinzessin, ich weiß keinen Zauberspruch, der Euren Wunsch erfüllen kann. Ich vermag zu sehen, dass Ihr sehr leidet, denn obgleich Euer Herz von Güte erfüllt ist, macht erst das Geben Euch zum gütigen Menschen. Und obgleich Ihr voller Mitgefühl seid, macht Euch erst die tätige Fürsorge zum mitfühlenden Menschen. Es ist offensichtlich, dass Ihr Euer Lebensprinzip aufgeben müsst, wenn Ihr dieses Problem nicht löst.«

Da begann die Prinzessin zu weinen, weil sie kein Leben ohne Geben ertragen konnte.

»Ich habe jedoch einen Rat, der Euch helfen mag. Kommt in drei Tagen erneut zu mir und bringt drei warme Mäntel und drei gute Gemälde mit.«

So ging die Prinzessin, noch immer in Tränen, zum Schloss zurück und suchte ihre drei wärmsten Mäntel und ihre drei besten Gemälde heraus, auch wenn sie in beiden Fällen nicht vollkommen zufrieden mit ihnen war. Als sie zurückkehrte, fragte Abakra sie, welcher der wärmste der drei Mäntel sei. Sie prüfte jeden genau und beschrieb seine Unvollkommenheit, doch schließlich wählte sie einen großen, braunen Mantel. Als Nächstes fragte er sie nach dem besten der drei Gemälde. Das war schwieriger, und sie nahm sich viel Zeit, ging von einem zum anderen und betrachtete sie von nahem und von weitem. Endlich entschied sie sich für eines der Bilder, legte jedoch großen Wert darauf, auf dessen Mängel hinzuweisen.

Dann sprach Abakra: »Nun tut Folgendes: Nehmt den Mantel, den Ihr ausgesucht habt, und macht ihn dem Bettler zum Geschenk. Dann nehmt das ausgewählte Gemälde und schenkt es Eurem Vater zum Geburtstag. Wenn sich Eure Gedanken über Unvollkommenheit wieder einstellen, akzeptiert sie einfach und macht das Geschenk trotzdem. Wenn Ihr diese Aufgabe erfüllt habt, kommt wieder zu mir.«

Die Prinzessin setzte zum Protest an, aber Abakra wollte nichts davon hören und schickte sie davon.

Überraschenderweise traf sie auf dem Rückweg zum Schloss den Bettler, wie er abgehärmt und mager durch die Gassen streifte und um Essen und Geld bat. Sie näherte sich ihm schüchtern. »Verzeiht, alter Mann, aber ich erkenne Euch von einer früheren Begegnung im Schloss wieder. Damals vermochte ich Euch keinen angemessenen Mantel zu geben, so wie Ihr ihn Euch wünschtet, weil ich keinen hatte, der gut genug war. Daran hat sich zwar nichts geändert, aber jetzt möchte ich Euch diesen Mantel anbieten. An sehr kalten Wintertagen wird er Euch nicht ausreichend wärmen, doch wenn Ihr ihn möchtet, gehört er Euch.«

Der Bettler zog den Mantel an und spürte sofort dessen Wärme. Voller Dankbarkeit kniete er vor der Prinzessin nieder und sagte, dass der Mantel das schönste Geschenk sei, das er je bekommen hätte. Sein Danken wollte kein Ende nehmen, und

selbst als die Prinzessin bereits davongegangen war, pries er sie vor allen, die vorüberkamen.
Wieder zurück im Schloss, ging die Prinzessin sogleich zum Gemach ihres Vaters. »Lieber Vater«, sagte sie, »vergib mir, dass ich es versäumt habe, dir zu deinem letzten Geburtstag ein Geschenk zu machen. Ich habe mich sehr bemüht, ein Gemälde von deinem Lieblingsbach im Wald anzufertigen, doch es ist mir nicht gelungen, die Schönheit der Szenerie einzufangen. Stattdessen kann ich dir nur das unvollkommene Ergebnis meiner Bemühungen schenken und hoffen, dass du mir die Begrenztheit meiner Kunstfertigkeit verzeihst.« Dann übergab sie ihrem Vater das Bild ihrer Wahl, und zu ihrer Überraschung war er überglücklich. »Das ist das schönste Geschenk, das ich je bekommen habe, und das Warten hat sich gelohnt. Ich werde mich mein Leben lang darüber freuen!«
Die Prinzessin war hocherfreut und ein wenig überrascht, dass die Geschenke ihren Empfängern so viel Freude bereitet hatten. Am nächsten Morgen eilte sie zu Abakra und erzählte ihm die Neuigkeiten. Am Ende ihrer Geschichte stand jedoch wieder Zweifel in ihren Augen, da sie an die missliche Lage ihrer Ehe dachte. »Ich fürchte, in diesem Fall ist Euer Rat wertlos. Ich habe nur einen Körper und keine Wahlmöglichkeit. Meine Bedenken hinsichtlich seiner Unvollkommenheit haben sich nicht verringert. Bitte, Abakra, es muss einen Zauberspruch geben, der mir hilft.«
Abakra dachte einen Moment nach, dann lehnte er sich in seinem Stuhl zurück. »Wie gut, dass Ihr nur einen Körper habt, dann habt Ihr auch nicht die Qual der Wahl. Euer Bestreben, Eurem Gatten etwas Vollkommenes zu bieten, entsteht aus dem Wunsch, ihm zu gefallen und ihn glücklich zu machen. Selbst wenn ich einen Zaubertrank hätte, der Euch von Eurer Angst befreien könnte, würde ich ihn nicht benutzen, da ich be-

fürchte, dass er Euch zugleich auch die Liebe zu Eurem Gatten nehmen würde. Angst und Liebe sind nur verschiedene Seiten derselben Medaille. Doch ich gebe Euch diesen Rat: Akzeptiert Eure Befürchtung, Eure Angst und Eure Bedenken, was Euer Geschenk betrifft, und vollzieht Eure Ehe dessen ungeachtet. Eure Sorgen haben keine wirkliche Macht über Euch. Sie kommen und gehen wie die Wolken am Himmel, aber sie hindern das Gras nicht am Wachsen.«

Die Prinzessin war verwirrt, aber des Nachts, als sie inmitten ihrer Sorgen und Ängste dalag, wurden sie und ihr Gatte von ihrer Liebe übermannt, und ihr blieb keine Zeit mehr, sich um ihre Unvollkommenheit zu sorgen.

Am nächsten Tag kehrte sie zurück und berichtete Abakra von ihren Erfahrungen (natürlich nicht sehr detailliert). Sie sagte: »Mein lieber Zauberer, Ihr habt mir sehr geholfen, und ich möchte Euch für Eure Güte und Weisheit entlohnen. Ich bin eine Prinzessin und verfüge über großen Wohlstand und reiche Schätze. Was Ihr Euch auch wünscht aus dem Königreich, es soll Euch gehören.«

»Ich habe nur eine Bitte«, sagte Abakra. »Bringt mir ein Geschenk, das wirklich von Euch kommt.«

»Ich verstehe nicht«, entgegnete die Prinzessin. »Was meint Ihr mit einem Geschenk, das wirklich von mir kommt?«

Aber Abakra hatte sich bereits abgewandt.

Viele Tage lang dachte die Prinzessin über seine Bitte nach. Sie fertigte eine Liste all ihrer Schätze und Besitztümer an. Über jedes einzelne Stück dachte sie nach, von wem es kam, woraus es gemacht war und wann sie es erhalten hatte. Sie zog ihre Gemälde in Betracht, ihr Haar, sogar einige Geschichten, die sie für Kinder geschrieben hatte. Aber bei allem Bemühen konnte sie nichts finden, das Abakras Bitte entsprochen hätte. Eine Weile lang war sie traurig und fühlte sich ganz armselig. Nichts

von all ihren Schätzen und Besitztümern gehörte wirklich ihr. Sie schloss sich in ihrem Zimmer ein und weigerte sich, mit jemandem zu sprechen. Ihre Familie und viele Menschen im Königreich begannen sich Sorgen um sie zu machen.
Dann trat sie eines Tages aus ihrem Zimmer. Sie sah überraschend gut aus, sprach mit sanfter Stimme, und ihre Augen erschienen weicher. Sie entschuldigte sich bei Ihrer Familie für die lange Abwesenheit, erzählte aber nicht, was ihr widerfahren war. Sie begann sich wieder ihren Tagesgeschäften zu widmen.
Später blieb sie den Menschen für ihre Liebenswürdigkeit und ihre Weisheit in Erinnerung, und über ihr Leben wurden viele Geschichten erzählt. Aber niemand konnte je sagen, was in ihrem Zimmer mit ihr geschehen war. Nach Abakras Tod fand man in seinem Nachlass einen Zettel, offensichtlich von der Prinzessin geschrieben. Darauf stand:

Auf der Suche nach etwas
fand ich nichts.
Und im Nichts fand ich alles.

In Armut fand ich Reichtum.
Und in der Stille Musik.

Meinem Streben, gut zu sein, entsage ich,
mein Bemühen gebe ich auf,
Vollkommenheit in Unvollkommenheit.

Eine moralische Selbstprüfung

Wenn das Handeln anderer nicht unseren Vorstellungen entspricht, sind wir schnell zu einem negativen Urteil bereit, besonders dann, wenn uns das Verhalten persönlich betrifft und wir uns als Opfer fühlen. Wie kann sie so etwas tun? Wie kann er mich so behandeln? Wie kann sie es wagen, mich zu belügen! Wieso erdreistet er sich, mir etwas zu stehlen! Wenn andere sich uns gegenüber zu viel herausnehmen, zögern wir nicht, uns mit Wort und Tat dagegen zu wehren. Und selbst wenn wir das Verhalten verzeihen, tun wir das nicht selten von oben herab.

»Die leichte Bürde, die des Selbsttadels, haben wir abgeworfen und uns stattdessen eine schwere Last auferlegt, indem wir uns selbst recht geben und andere verurteilen.«

ABT JOHN
aus: Die Weisheit der Wüste

Aber was ist mit unseren eigenen Vergehen? Wie oft prüfen wir unsere Verantwortung dafür, wenn es anderen schlechtgeht? Wie oft sehen wir, dass wir an einer Auseinandersetzung die Schuld tragen? Wie oft wenden wir uns unserem eigenen Fehlverhalten mit der gleichen Bereitschaft zu, mit der wir das

Verhalten anderer kritisieren? Wir haben anscheinend die Fähigkeit entwickelt, uns selbst zu entlasten und zu entschuldigen, und wir beschuldigen andere sogar dann, wenn sie nichts anderes tun, als sich genauso zu verhalten wie wir. Bischof Fulton J. Shenn meint: »Wir tun anderen unrecht und lehnen jede Schuld ab; andere machen mit uns das Gleiche, und wir sagen, sie sollten es eigentlich besser wissen ... Wir umschmeicheln andere, damit sie etwas für uns tun, und nennen es ›Liebe‹, wir belügen sie und nennen es ›Takt‹ ... Wir essen zu viel und nennen es ›Gesundheit‹; wir häufen mehr Wohlstand an, als notwendig ist, und nennen es ›Sicherheit‹ ... Wir beginnen Sätze mit ›Ich‹ und bezeichnen unseren Nachbarn als Langweiler, weil er seine Angelegenheiten zum Thema macht, wenn wir über uns sprechen wollen.«

In der Kunst der Selbsttäuschung ist die Spezies Mensch sehr geschickt. Um unser fabelhaftes Selbstbild und unser hohes Selbstwertgefühl zu pflegen, opfern wir etwas viel Bedeutenderes: die Wahrheit. Wenn wir uns in die Arena der Selbstprüfung wagen, entdecken wir vielleicht, dass die Tatsachen nicht zu dem Bild passen, das wir von uns entworfen haben. Dann werden wir entweder das eine oder das andere aufgeben müssen.
Eine ernste und aufrichtige Prüfung unseres Lebens durchzuführen ist eine Herausforderung, besonders dann, wenn wir mit Geschehnissen in unserer Vergangenheit konfrontiert werden, bei denen wir anderen geschadet haben. Richten wir jedoch unsere Selbstbetrachtung nur auf die Augenblicke, in denen es uns gutging, in denen wir etwas Positives geleistet haben oder nett waren, gelangen wir nicht zu einem zutreffenden Bild unseres Lebens. Wir denken, dass wir Liebe verdienen; wenn wir uns jedoch prüfen und unseren Egoismus

aufdecken, ist Liebe nicht etwas, das wir verdienen, sondern etwas, was uns geschenkt wird. Solange wir die Selbstbezogenheit unseres Wesens leugnen, bleibt uns diese Erkenntnis verwehrt.

Wir schrecken davor zurück, unsere Illusionen über uns aufzugeben, doch in Wirklichkeit ist das kein riskantes Unterfangen.

Es ist die sicherste Art, um voranzukommen. Der Weg selbst zeigt uns Richtung und Ziel, und je weiter wir vordringen, desto stärker wird unser Vertrauen.

Die Probleme, die wir bereiten

Die ersten beiden Naikan-Fragen fordern uns auf, über das Geben und Nehmen in unserem Leben nachzudenken, um klarer zu erkennen, welche Unterstützung wir anderen gegeben und welche wir empfangen haben. Die dritte Frage im Naikan lenkt unsere Aufmerksamkeit auf die Probleme und Schwierigkeiten, die wir anderen bereitet haben. Da Yoshimoto dazu aufforderte, bei der Selbstprüfling allein dieser Frage mindestens sechzig Prozent der Zeit zu widmen, hielt er sie zweifellos für sehr bedeutsam. Wir bewerten unser Verhalten dabei nicht nach einem bestimmten Moralkodex. Wir stellen einfach nur fest, ob anderen durch unsere Handlungen Probleme, Schaden, Schwierigkeiten, Leid oder Unannehmlichkeiten entstanden sind. Es ist unnötig, die entsprechenden Handlungen selbst als »falsch«, »schlecht« oder »unmoralisch« zu bewerten.

»Wir kennen so viele Dinge, aber uns selbst kennen wir nicht! Warum? Weil dreißig oder vierzig Häute oder Felle, so dick wie die eines Ochsen oder Bären, die Seele bedecken. Geh in dich und lerne dich selbst kennen.«

MEISTER ECKHART

In manchen Fällen erweist sich ein Dienst, den wir erweisen, für jemand anderen als Nachteil. Wir helfen beispielsweise einem Verkehrsopfer, und deshalb muss jemand in einem Restaurant auf uns warten. Dennoch werden wir unser Hilfsangebot nicht als falsch oder unmoralisch ansehen. Andererseits mögen wir es als egoistisch, falsch oder unmoralisch bezeichnen, wenn wir beispielsweise sarkastisch sind, eine Entschuldigung nicht ernst meinen oder unsere Pflicht vergessen. Unabhängig von der Bewertung bezieht sich die dritte Naikan-Frage jedoch einzig darauf, ob das Verhalten anderen Menschen Probleme verursacht hat. Das ist eine einfache Regel – sicher nicht so problematisch, wie zu bewerten, ob die eigene Handlung gut oder schlecht ist.

Da wir uns gewöhnlich mit unserer eigenen Zufriedenheit und dem eigenen Vorteil beschäftigen, erfordert es eine bewusste Anstrengung zu sehen, auf welche Weise wir anderen Menschen Probleme bereiten.

Vor ein paar Jahren flog ich von Hongkong in die Vereinigten Staaten zurück. Ich saß neben einer hübschen jungen Frau, einer Krankenschwester. Wir sprachen über unsere berufliche Arbeit, und die Sprache kam auf das Thema »Selbstreflexion«. Ich versuchte, ihr Naikan zu beschreiben, wurde jedoch immer wieder von der Enge meines Sitzplatzes abgelenkt, insbesondere weil der Fluggast vor mir die Lehne zurückgekippt hatte, während ich noch aß, und so meine »Essenssphäre« verletzte.

Ich war drauf und dran, das als perfektes Beispiel zu schildern, wie wenig wir auf die Probleme achten, die wir anderen bereiten, als ich innehielt und die Stellung meiner eigenen Rücklehne überprüfte. Ich hatte die Lehne gleich nach Beendigung meiner Mahlzeit nach hinten gekippt. Als ich vorsichtig hinter mich schielte, sah ich einen älteren Herrn, mitten beim Essen. Was ich also mit moralisch erhobenem Zeigefinger dem Fluggast vor mir vorwerfen wollte, fügte ich selbst dem Herrn hinter mir zu.

»Tun wir etwas Gutes, und niemand sieht dabei zu, suchen wir dennoch Lob und Anerkennung, und wir laufen herum und erzählen den Menschen, was wir getan haben. Wird unsere Tat nicht gewürdigt oder gar herabgesetzt, reagieren wir enttäuscht und denken, es war wertlos. Haben wir etwas Schlechtes getan, befürchten wir, dass andere es herausbekommen, und tun unser Möglichstes, um es zu vertuschen. Gelingt uns das, verbuchen wir das als Erfolg, aber die Tatsache unserer Handlung bleibt eine Tatsache, auf ewig im Buch unseres Lebens festgehalten. Sie formt entweder auf positive oder auf negative Weise unseren Charakter. Sie wirkt als karmische Kraft, die uns begleitet.«

SHUNDO AOYAMA

Es ist schwer, sich wirklich in jemanden hineinzuversetzen, sich vorzustellen, wie es wäre, jener andere zu sein. Und mehr noch: jener andere zu sein und es mit einem selbst zu tun zu haben! Darin sind unser Herz und unser Verstand nicht geübt. Unsere eigene Situation hingegen ist uns bestens vertraut, und wir wissen gut, was es heißt, mit anderen zurechtzukommen.

Wir müssen unsere Wahrnehmung jedoch völlig umstellen, wenn wir zeitweilig unseren persönlichen Blickwinkel außer Acht lassen und den eines anderen Menschen annehmen wollen.
Wenn wir also jemandem Probleme oder Unannehmlichkeiten bereiten, reicht es nicht, das lediglich zu bemerken oder ein mehr oder weniger gedankenloses »Tut mir leid!« zu äußern. Wenn wir eine ernsthafte und ehrliche Prüfung unseres Verhaltens unternehmen wollen, müssen wir einen Schritt weitergehen – wir müssen versuchen, die Situation der oder des anderen nachzuempfinden. Eltern machen sich meist mehr Gedanken um ihre Kinder, als Kinder an ihre Eltern denken. Wenn Sie zum Beispiel eine Dreizehnjährige wären, die drei Stunden später als vereinbart nach Hause kommt, dann sollten Sie sich in die Lage Ihrer Eltern versetzen und sich die Sorgen vergegenwärtigen, die Sie ihnen bereiten. Ein umgekehrter Fall: Die Mutter oder der Vater einer verheirateten Tochter macht kritische Bemerkungen über deren Ehemann und sein Verhalten. Vielleicht glauben die Eltern, solche Kommentare seien relativ harmlos, aber es wäre wichtig, sie aus dem Blickwinkel der Tochter und deren Mannes einzuschätzen. Wenn wir unsere Sichtweise derart ändern, und sei es nur vorübergehend, gelingt es uns wahrscheinlich besser, andere Menschen zu verstehen und zu erkennen, auf welche Weise unser Handeln sie betrifft.
Durch die dritte Frage wird uns klar, dass wir uns nicht unmittelbar sehen können, so wie das Auge sich nicht selbst sehen kann. Wir brauchen einen Spiegel. Diesen Spiegel finden wir in der Erfahrung der Menschen, mit denen wir zusammen sind – durch deren Augen und Herzen entdecken wir den Weg zur Erkenntnis unseres Selbst.

Lügen und Stehlen

Selbstbetrachtung im Naikan bedeutet, die Beziehung zu anderen zu prüfen. Das Verursachen von Problemen und Schwierigkeiten ist ein Teil davon; ein weiterer Teil dreht sich darum, auf welche Weise wir andere belogen und bestohlen haben. Unter diesem Aspekt können wir den Ablauf eines Tages prüfen oder Jahr für Jahr, bis wir unser ganzes Leben erfasst haben. Doch warum sollten wir das tun? Führt das nicht lediglich dazu, dass wir uns schlecht fühlen?

»Dann kam der Tag, an dem wir aufgefordert wurden, unsere Geschichte des Lügens, Stehlens und Betrügens zu untersuchen. Als ich zur Prüfung meiner Jugend kam, sah ich mich zum ersten Mal im Leben mit mir selbst konfrontiert und erkannte, wie viele Verfehlungen ich begangen hatte. Es dämmerte mir, dass ich vierzig Jahre lang an den jüdischen Hohen Feiertagen teilgenommen hatte; und an Yom Kippur, dem Versöhnungsfest, an dem man zusammen mit der Gemeinde seine Verfehlungen eingesteht, dachte ich immer, dass die Worte im Gebetbuch dem Fehlverhalten anderer Menschen gelten. Ich sollte arrogant, bigott, zynisch sein? Ich hinterlistig, egoistisch, gierig, neidisch? Damit mussten andere gemeint sein, die stur waren, besitzergreifend, bösartig und selbstsüchtig. Sie waren es, die Versuchungen erlagen, sich wollüstig oder arglistig zeigten. Und dann sah ich, wer ich gewesen war, was ich getan hatte, die vielen Menschen, die ich verletzt und missachtet hatte, eine lange Litanei von Missetaten. Jahre des Lügens, Stehlens und Betrügens. Und deshalb bat ich darum, mir kein Essen mehr zu

bringen, damit ich, der Tradition meines Glaubens folgend, fastete, mich läuterte, wieder rein wurde. Bis zu diesem Tag war mein Leben eine große Illusion, und es wurde Zeit, in die Winkel meines Gedächtnisses zu schauen und die Verfehlungen meines Lebens zu akzeptieren.«

BARBARA SARAH

Natürlich gefällt es uns nicht, unser Lügen und Stehlen anzuschauen. Wir bekommen ein schlechtes Gewissen, schämen uns und fühlen uns schuldig. Aber ist das nicht eine ganz natürliche Reaktion? Schuld oder Gewissensbisse sind nicht angenehm, aber sie erinnern uns daran, dass unser Verhalten Konsequenzen für andere hat. Für den Alkoholiker, der sich von seiner Sucht befreien will, ist es unbequem, sich klarzumachen, wie seine Familie und seine Freunde unter seinem Trinken haben leiden müssen. Aber es ist sehr gefährlich, das zu vergessen.

Die Mehrzahl der Menschen, die bei uns in Vermont an einem Naikan-Retreat teilnehmen, berichten, für sie sei es die wichtigste oder bedeutsamste Erfahrung gewesen, sich über das Lügen und Stehlen in ihrem Leben zu prüfen. Wir reisen durch unsere Geschichte auf der Suche nach unseren Vergehen und dem Schaden, den wir anderen zugefügt haben. Natürlich können wir solch eine Reise auch vermeiden, doch die Fakten unseres Lebens auszublenden ändert nichts an ihrer Existenz.

Die folgenden Richtlinien, unser Lügen und Stehlen zu betrachten, wurden ursprünglich von Reverend Shue Usami entwickelt. Sie stammen aus dem Senkobo Naikan-Center in Japan. Ich habe sie ein wenig an westliche Verhältnisse angepasst.

Lügen

1. Haben wir zu anderen etwas gesagt, das nicht vollständig der Wahrheit entsprach?
2. Haben wir es versäumt, Versprechen, Verpflichtungen, Verabredungen oder Vorsätze einzuhalten?
3. Haben wir uns so verhalten, dass andere das Vertrauen zu uns verloren haben?
4. Haben wir andere irregeführt oder betrogen? Wenn wir gemerkt haben, dass andere falsche Annahmen über uns hegen, haben wir das weiterhin zugelassen oder haben wir die Wahrheit mitgeteilt?
5. Haben wir etwas verkauft, getauscht oder mit etwas gehandelt, das beschädigt war, ohne dies mitzuteilen?
6. Haben wir uns in einer Weise verhalten, dass wir für andere an Kreditwürdigkeit verloren?

Stehlen

1. Haben wir uns etwas angesehen, das nicht für unsere Augen bestimmt war?
2. Haben wir etwas belauscht, das nicht für unsere Ohren gedacht war?
3. Haben wir Dinge genommen, die uns nicht gehörten? Inwiefern haben wir unsere Eltern oder andere Familienmitglieder bestohlen? Was haben wir anderen gestohlen, die uns unterstützt haben?
4. Abgesehen von Dingen – was haben wir sonst genommen, was uns nicht gehörte?
5. Haben wir anderen Zeit gestohlen?

Plädoyer für das Schuldgefühl

Vielleicht werden Schuldgefühle ungerecht behandelt. Vielleicht entdecken wir nach all den Jahren, dass wir Schuldgefühle falsch eingeschätzt haben, wie im Falle des verurteilten Straftäters, der begnadigt wird, wenn schließlich Beweise seiner Unschuld auftauchen. Und wenn wir angesichts seiner Entlassung aus der ungerechtfertigten Haft Schuldgefühle für das zugefügte Leid empfinden, dann müssen wir seine ursprüngliche Verurteilung umso dringender aufheben.

> *»Muss ich eine Kerze an meine Schande halten?«*
>
> JESSICA
>
> *in:* Der Kaufmann von Venedig

Wir können die Schuldgefühle nicht davon freisprechen, dass sie unerfreulich sind. Wenn es nur darum geht, sich »gut« zu fühlen, gibt es kein Wiederaufnahmeverfahren. Die richtigen Drogen können uns zwar helfen, uns die meiste Zeit gut zu fühlen, und einige Menschen befürworten ja diesen Ansatz. Für diejenigen hingegen, welche einen Lebenssinn jenseits des »Sich-gut-Fühlens« sehen, wäre es sinnvoll, die Sache mit der Schuld unter die Lupe zu nehmen.
Schuldgefühle sind deshalb ein wichtiges Thema, weil sie voraussichtlich bei jeder Art der Selbstprüfung auftauchen. Wenn wir unser Leben betrachten, finden wir gewiss Situationen, in denen wir anderen geschadet oder ihnen Leid zugefügt haben. Sich das bewusstzumachen erzeugt jene Gefühle und Gedanken, die wir gewöhnlich unter »Schuldgefühle« zusammenfas-

sen. Wenn wir nun hinter diese Gefühle schauen, was finden wir dort?

Schuldgefühle entstehen dadurch, dass wir unser Verhalten als falsch, unmoralisch oder unethisch beurteilen. Sie sind nichts weiter als der Bote, der uns eine Information in das Bewusstsein trägt. Wenn wir dann versuchen, uns von den Schuldgefühlen zu kurieren, ist es so, als ob wir den Boten, der uns die Nachricht von der Krankheit eines anderen überbringt, für krank erklären und behandeln wollen. Unser Problem sind nicht Schuldgefühle. Unser Problem liegt in dem, was wir getan haben oder wie wir leben. Wir müssen den Patienten selbst behandeln.

Wenn wir uns von jemandem versichern lassen, dass »wir uns nicht schuldig zu fühlen brauchen«, sei es von einer Freundin oder einem Therapeuten, dann verdrängen wir die Schuldgefühle nur. Diese Beschwichtigung führt uns zudem in die falsche Richtung, da wir wieder beim Symptom landen (was wir fühlen) und nicht das Problem angehen (wie wir leben).

Auch wenn wir unserer Verpflichtungen, unserer wirklichen Schulden gewahr werden, können Schuldgefühle entstehen. Wenn wir unser bisheriges Geben und Nehmen in jeder unserer Beziehungen einander gegenüberstellen, können Schuldgefühle auftreten, wenn wir feststellen, dass wir mehr erhalten als gegeben haben. Borge ich mir Geld und zahle ich nur die Hälfte zurück, dann bin ich die andere Hälfte noch schuldig. Solange ich diese Schulden habe, sind Schuldgefühle die natürliche Konsequenz, denn unabhängig davon, ob mir die Rückzahlung gleichgültig ist oder ob ich sie selbst bei bestem Willen nicht leisten kann, ist mir bewusst, dass ich mehr erhalten als zurückgegeben habe. Aber es mag auch Dankbarkeit aufkommen, und niemand versucht, uns von Dankbarkeit zu heilen, wahrscheinlich weil sie ein gutes Gefühl vermittelt. Schuldgefühle und Dankbarkeit haben jedoch mehr gemeinsam, als wir glauben.

Betrachten wir auch die Beziehung zwischen Schuldgefühlen und Mitgefühl. Angenommen, Ihr Freund leiht Ihnen sein Auto, weil Ihres in Reparatur ist. Am Abend bringen Sie den Wagen zurück, bemerken jedoch an der Tür einen Kratzer, der vorher nicht dort war, und Sie bekommen ein schlechtes Gewissen. Wäre es nicht möglich, dass dieses Schuldgefühl aus der gleichen Quelle stammt wie Ihre Zuneigung für Ihren Freund? Wenn er Ihnen gleichgültig wäre, würden Sie sich dann schuldig fühlen? Der japanische Psychiater Shoma Morita bezeichnet die Angst vor dem Tod und den Wunsch zu leben als die zwei Seiten ein und derselben Medaille. Ähnlich kann Mitgefühl die Kehrseite von Schuldgefühlen sein. Die Verwandtschaft zwischen den beiden Gefühlen zeigt uns, dass es in Ordnung ist, Schuldgefühle zu haben. Wir brauchen nichts gegen sie zu unternehmen, und statt über sie zu reden oder sie »durchzuarbeiten«, wäre es konstruktiver, den Kratzer auszubessern.

Doch nehmen wir an, wir haben unserem Freund den Kratzer verschwiegen, und jetzt ist es zu spät, ihn auszubessern. Dann bleiben die Schuldgefühle. Was tun? Vielleicht gestehen wir es unserem Freund nachträglich, oder uns fällt eine andere Form der Wiedergutmachung ein. Aber selbst Wiedergutmachung ändert nichts an dem, was in der Vergangenheit geschehen ist, sie verändert lediglich die Gegenwart.

Es wird immer Grenzen für unser Bemühen geben, ein besseres Leben zu führen. C. S. Lewis schreibt dazu: »Moralische Regeln scheinen dazu da zu sein, dass gegen sie verstoßen wird. Ein Verstoß liegt jedoch nicht bei jemandem vor, für den diese Regeln zunächst keine Geltung besitzen, der jedoch im Nachhinein mit aller Kraft versucht, ihnen zu entsprechen, und sich anständigerweise mit seiner Verfehlung konfrontiert.«

Ist das Fehlen von Schuldgefühlen nun Merkmal eines wachen Bewusstseins oder ist es lediglich ein Zeichen des Selbstschutzes?

Beenden wir die Diskussion über Schuldgefühle. Wenn sie letztlich nur dazu dienen, uns von den Tatsachen abzulenken, sollten wir sie dann bezichtigen statt uns selbst? Ich möchte im Namen des Schuldgefühls einen Antrag stellen. Prüfen wir die Aktenlage und führen wir eine Anhörung durch, um die Unschuld der Schuldgefühle zu prüfen. Ich plädiere für Freispruch, plädiere für Freiheit. Schuldgefühle sollen kommen und gehen, wie sie möchten. Finden wir den wahren Täter und stellen wir ihn vor Gericht. Als Bestrafung für seine Vergehen wird er zu einem Leben in Dankbarkeit verurteilt – das wird ihm eine Lehre sein.

Entschuldigungen

Kürzlich heiratete eine Frau, mit der ich über Jahre zusammen gewesen war, und sie war so nett, mich zur Hochzeit einzuladen. Die Zeremonie war sehr schön, und hinterher stellten sich alle an, um zu gratulieren. Ich schüttelte ihren Eltern die Hände und gratulierte ihnen. Ich übergab ihnen auch einen Umschlag, es war kein Geschenk darin, sondern ein Entschuldigungsbrief. Darin entschuldigte ich mich für die Probleme, die ich ihnen in der Zeit, in der ich mit ihrer Tochter zusammen gewesen war, bereitet hatte. Es war ein Brief, den ich damals hätte schreiben können und sollen, aber das hatte ich nicht getan. Damals sah ich immer nur die Schwierigkeiten, die sie mir bereiteten.

Als ich mich hinsetzte und diesen Brief schrieb, dachte ich ausschließlich an den Ärger und die Probleme, die ich ihnen bereitet hatte. Meine Freundin sollte darauf bestehen, dass wir während eines Besuches bei ihren Eltern ein gemeinsames Zimmer bekamen, und das säte eine Menge Zwietracht. Beim Essen schnitt ich einige strittige Themen aus Politik und Religion und über vegetarische Prinzipien an und störte damit den Familienfrieden. Anderen gegenüber äußerte ich mich abwertend über ihren Lebensstil, da ich nur wenige ihrer Ansichten teilte. Ich glaube, das war das erste Mal, dass ich über mein damaliges Verhalten Gewissensbisse empfand – es war überhaupt das erste Mal, dass ich mich in meiner Beziehung zu ihnen prüfte, meine eigenen Handlungen bewertete und nicht ihre. Ich ließ die Frage nach Richtig und Falsch beiseite und schuf damit Raum für eine klarere Sicht auf die Probleme, die ich ihnen bereitet hatte.

Warum fällt es uns so schwer, uns bei anderen Menschen aufrichtig zu entschuldigen? Woher kommt der innere Widerstand dagegen? Wie viel leichter ist es doch, das Verhalten anderer zu missbilligen und zu verurteilen! Selbst wenn wir derartige Urteile nicht aussprechen, tauchen sie vor unserem geistigen Auge auf, und wir merken, wie wir das Verhalten anderer als »falsch«, »schlecht« oder »idiotisch« etikettieren. Uns selbst zu überprüfen, sind wir weitaus weniger geneigt. Mag sein, dass wir rechtschaffen sind, uns stets richtig verhalten und anderen wenig Probleme bereiten. Das ist eine Möglichkeit. Oder wir sind bloß geübter und eifriger darin, andere zu beurteilen, und weniger gewöhnt, unser eigenes Leben zu überprüfen. Doch wenn wir dazu nicht die Fähigkeit entwickeln, wie können wir dann imstande sein, eine aufrichtige Entschuldigung vorzubringen?

Wir lassen uns gern von der Frage nach »Richtig« oder »Falsch« ablenken. Etwas widerfährt uns, und wir meinen, ungerecht behandelt worden zu sein und eine Entschuldigung zu »verdienen«. Bleibt das aus, hegen wir Ärger und Groll und sind gekränkt. Natürlich sehen andere die Dinge genauso. Als Folge schleichen sich in die Beziehung immer mehr Verstimmung und Feindseligkeit ein.

Die Kategorien von »Richtig« und »Falsch« bieten für unsere Wahrnehmung eine bestenfalls trübe Linse. Wenn ich mir bestimmte Situationen ohne vorgefasste Meinung anschaue, bin ich bisweilen völlig unschlüssig, was nun richtig oder falsch ist. Wenn das leicht zu bestimmen wäre, würden die Menschen eine bestimmte Situation nicht so unterschiedlich beurteilen. Naikan tauscht diese trübe Linse gegen eine klare ein, die nur auf uns selbst gerichtet ist: Auf welche Weise haben wir anderen Probleme oder Ungelegenheiten bereitet und ihnen Schaden oder Leid zugefügt? Auch in Situationen, in denen man sich über Recht oder Unrecht nicht im Klaren ist, kann man in der Regel erkennen, auf welche Weise man jemandem Schwierigkeiten bereitet hat.

Eine meiner Bekannten war bei ihrer Mutter zum sonntäglichen Abendessen eingeladen und verspätete sich um eine Dreiviertelstunde. Als sie dann eintraf, war ihre Mutter sehr aufgebracht. Sie hatte sich Sorgen gemacht, dass etwas passiert sei, etwa ein Unfall. Meine Bekannte hingegen hielt die Aufregung ihrer Mutter für unangemessen. Das Verhalten von jemand für »unangemessen« zu halten ist eine beliebte Beschwichtigungsformel, die wir gern zu unserer Rechtfertigung anwenden und mit der wir die Reaktion anderer herunterspielen wollen. Woher wollen wir wissen, ob eine Reaktion angemessen ist? Wir wissen nur, dass meine Bekannte sich verspätete und dass ihre Mutter Angst um sie hatte und sich aufregte. Als meine Bekannte schließlich das Thema »Angemessenheit« beiseiteließ, konnte sie die Angelegenheit aus der Sicht ihrer Mutter betrachten. Ihre Gegenreaktion hatte Distanz zwischen ihnen geschaffen. Ihre Entschuldigung brachte beide wieder näher zueinander – wichtiger noch, meine Bekannte konnte die Bedeutung ihres Verhaltens richtig einschätzen, auch wenn ihre Verspätung möglicherweise unvermeidbar und ihr nicht einmal ein Anruf möglich gewesen war. Sich zu entschuldigen bedeutet nicht unbedingt, dass wir unser Verhalten künftig ändern werden – diese Entscheidung ist ein weiterer Schritt. Erst wenn wir anerkennen, dass wir anderen tatsächlich geschadet haben, können wir uns für diesen Schritt als logische Konsequenz entscheiden.

Immer wieder einmal geschieht es, dass wir eine Entschuldigung nicht ernst meinen. In meiner Kindheit wurde ich von meiner Mutter oftmals ermahnt, mich zu entschuldigen. Ich tat es zwar, aber es hatte keine Bedeutung für mich; denn ich war mir der Auswirkungen meines Verhaltens auf andere gar nicht bewusst. Wenn mir nicht wirklich bewusst ist, dass ich anderen Probleme oder Unannehmlichkeiten bereitet habe, ist meine Entschuldigung sinnleer. Solche Floskeln geben wir manchmal von uns, um uns vor einer ernsthaften Überprüfung unseres Verhaltens zu drücken. Oder wir äußern eine gedankenlose Entschuldigung, um einem sich anbahnenden Konflikt aus dem Wege zu gehen und vordergründig Harmonie zu bewahren. Ist es nicht möglich, dass die Ernsthaftigkeit unserer Entschuldigung nicht darauf basiert, ob uns etwas leidtut, sondern das Ergebnis unserer Selbstreflexion ist?

Wenn wir unser Verhalten ernsthaft unter die Lupe nehmen, unseren Beitrag zu einem Missverständnis oder Problem betrachten und uns in die Lage des Menschen versetzen, den wir verletzt haben, dann kommen wir einer echten Versöhnung näher. Unsere Entschuldigung ist dann eine natürliche Reaktion auf die Erkenntnis, dass wir mit unseren Worten und Taten dafür verantwortlich sind. Oft entstehen spontan Gefühle der Reue und des Bedauerns, doch willentlich können wir sie nicht erzeugen. Und wir können diese Gefühle auch nicht von anderen fordern – etwas bereuen zu können ist keine Leistung, sondern eher etwas, das uns gegeben wird.

Gelegentlich reicht eine Entschuldigung nicht aus, sondern es ist mehr möglich und auch nötig als nur Worte. Wir können zum Beispiel aktiv etwas tun, um eine Situation wieder auszugleichen, einen Ersatz für einen Schaden zu leisten oder eine Verletzung wiedergutzumachen. Wenn Wiedergutmachung möglich ist, nützt sie nicht nur der geschädigten Seite, sondern auch dem »Übeltäter«.

Es gibt auch Situationen, in denen eine Entschuldigung neues Leiden erzeugt. Selbst bei Entschuldigungen müssen wir in Betracht ziehen, dass sie Probleme schaffen können. Möglicherweise traf dies auf meine Hochzeitsentschuldigung zu. Manchmal kann die Selbstreflexion so weit gehen, dass wir an alte Wunden rühren und damit unser Karma-Konto neu belasten.

Nehme ich eine Entschuldigung entgegen, sollte ich mir vergegenwärtigen, wie sich der andere während seiner Selbstprüfung gefühlt hat – ich sollte mir sein Bemühen, sein Unbehagen, seine Bereitwilligkeit vergegenwärtigen. Wenn jemand darüber nachdenkt – und sei es nur einen Moment lang –, welche Probleme er mir bereitet hat, bedeutet das, dass er mir so weit entgegenkommt, wie es ihm irgend möglich ist. Statt ihm zu vergeben, sollte ich eher über mein eigenes Verhalten nachdenken und ihn um Vergebung bitten.

Jenseits der Vergebung

Man kann nicht auf zwei Wegen gleichzeitig gehen und schon gar nicht, wenn sie in unterschiedliche Richtung weisen. Wenn wir unsere Vergangenheit betrachten, finden die meisten von uns Situationen, in denen andere uns verletzt und falsch behandelt haben. Wir können diese Erinnerungen und Gedanken zu unserem Hauptthema machen, und andere können uns darin noch bestärken und das Ganze als therapeutischen Prozess bezeichnen. Letztlich sollen wir dann jenen vergeben, die uns Leid zugefügt und Probleme bereitet haben – seien es Eltern, frühere Geschäftspartner, Expartnerinnen, ehemalige Freunde oder gar Gewalttäter. Gelingt uns das, befreien wir uns vielleicht von unserem Zorn und unserem Groll, finden innere Ruhe und seelischen Frieden. Vielleicht werden die Dämonen der Vergangenheit für immer verbannt. Dieser Weg kann viel Zeit und Energie kosten, manchmal bedeutet er jahrelange therapeutische Begleitung und kostet eine Menge Geld. Aber ist dieser Weg tatsächlich »therapeutisch«, und ist er ein Weg, der das Herz mit einbezieht?

> *»Um zu vergeben, benötigen wir sehr viel Liebe, aber um Vergebung zu bitten erfordert ein noch höheres Maß an Demut.«*
>
> MUTTER TERESA

Als Freud vor hundert Jahren die heutige westliche Psychotherapie begründete, verließ er gleichzeitig einen anderen Weg, den von Religion und Spiritualität. Das war nicht unbedingt negativ, er ließ damit jedoch bestimmte Bereiche hinter sich, die essenzielle Bedeutung für den menschlichen Geist besitzen. Einer dieser Bereiche ist die Selbstreflexion, die Bereitschaft, das eigene Verhalten und die eigenen Beziehungen aufrichtig und ernsthaft zu überprüfen. Vergebung hingegen erfordert es, das Verhalten anderer zu prüfen und zu bewerten. In Japan wird dieser Weg bisweilen als *Gaikan* bezeichnet. Im *Gaikan* orientiert man sich also an den Mängeln, Fehlern und Vergehen der anderen. Wir betrachten andere, beurteilen sie und stellen den Zusammenhang zwischen ihnen und unseren Unannehmlichkeiten, unserem Unbehagen und Schmerz her. Danach vergeben wir ihnen, oftmals von der Warte moralischer Überlegenheit aus. Die Naikan-Prüfung hingegen führt uns zu unserem eigenen Verhalten und unserem Umgang mit anderen – eine Empfehlung, die bereits im buddhistischen Dhammapada zu finden ist.

Sieh nicht auf die Fehler anderer,
was sie getan oder unterlassen haben,
sieh auf das, was du selbst
getan oder unterlassen hast.

(Vers 50)

Ich glaube, dass die Energie, die wir aufbringen, um anderen (oder uns selbst) zu vergeben, vergeudet ist. Je mehr wir uns auf die »Vergehen« anderer ausrichten, desto mehr Groll und Ärger lassen wir in uns zu. Sinnvoller ist eine angemessene Selbstprüfung, und zwar aus mehreren Gründen. Erstens ist das Bewerten des eigenen Handelns von größerem Wert für unseren eigenen Lernfortschritt und unser persönliches Wachstum. Zweitens erzeugt das Gewahrwerden unserer Fehler und unseres Eigennutzes eine gesunde Portion Demut – wertvoll sowohl in spiritueller als auch in mitmenschlicher Hinsicht. Drittens öffnet die Selbstprüfung im Licht der Unterstützung, die wir von anderen erhalten haben, die Tür zu spiritueller oder religiöser Erfahrung und bildet eine Grundlage für Dankbarkeit und für das Vertrauen in eine Kraft, die über uns hinausgeht. Und schließlich glaube ich, dass tiefe Offenheit und Aufrichtigkeit uns zu erkennen helfen, wer wir sind und was wir getan haben. Für unser Heilwerden ist entscheidend, dass wir die Verhaltensweisen, durch die wir anderen geschadet haben, als Tatsachen akzeptieren – das Belügen unserer Eltern, das Betrügen eines ehemaligen Geschäftspartners, das Hintergehen einer Expartnerin –, und das ist viel wichtiger, als sie dafür zu verurteilen, was sie uns angetan haben. Letztlich erkennen wir vielleicht, dass es nicht an uns ist, Vergebung zu gewähren, und dass uns selbst vergeben wurde, noch bevor wir daran dachten, darum zu bitten.

S(s)elbstachtung

Arroganz ist Dummheit. Stolz ist eine Täuschung.
Demut zu entdecken ist schmerzhaft.
Demut bedeutet Freiheit.
Auf Demut stolz zu sein ist verlockend und gefährlich.
Selbstachtung ist eine Illusion, wenn man sich selbst achtet.
Die Achtung des Selbst ist Weisheit.
Schuldgefühle sind etwas Natürliches, Mitgefühl ist etwas Natürliches.
Zwei Seiten derselben Medaille.
Dankbarkeit entsteht von selbst, wenn du die Augen öffnest.
Augenblicke des Erkennens – sie sind Geschenke.

Sich an Illusionen zu klammern raubt Kraft und erschöpft.
Die Tatsachen sind, wie sie sind.
Sieh die Dinge realistisch.
Verschwinde in dem Mysterium, gewöhnlich zu sein.
Der Fall dauert lange, aber der Boden ist weich und trägt dich.

Das Spiel »Vergeben-Ball«

In weiter Ferne liegt ein Land, in dem es ein Spiel ähnlich dem amerikanischen Football gibt. Bekanntermaßen ist Football ein sehr rauher Sport, und die Spieler werden oft über den Haufen gerannt und verletzt. Beim Spiel »Vergeben-Ball« gilt die Regel, dass, immer wenn ein Spieler gestoßen wird, zu Boden geht oder auf sonstige Weise das Opfer einer schmerzhaften Attacke wird, er dem dafür verantwortlichen Gegenspieler verzeihen muss. Dies ist ein Hauptbestandteil des Spieles, das in jenem fernen Land als spirituelle Praxis gepflegt wird.

In der Tat konzentrieren sich die Spieler während ihrer Laufbahn immer weniger auf das Training der sportlichen Techniken und zunehmend auf das Erarbeiten der spirituellen Grundlage von Vergebung. Das Training kann sehr intensive Formen annehmen, wenn sich die Spieler an alles erinnern, was sie in ihrem Leben verletzt hat, und wenn sie versuchen, diese schmerzlichen Erinnerungen zu reaktivieren. Sie sehen sich Videoaufzeichnungen früherer Spiele an und rezitieren Formeln des Verzeihens für die Spieler, von denen sie attackiert wurden. Die Punktvergabe im Spiel richtet sich danach, welches Team die Spieler mit den meisten Vergebungen aufweisen

kann. Am Ende eines jeden Spieles gibt es dazu einen Preis für den Einzelspieler mit der Höchstzahl von Vergebungen.
Diese spirituell fortgeschrittenen Spieler sind eine große Publikumsattraktion, und ihr Gehalt ist entsprechend hoch. Viele sind berühmt für ihre »Vergebungsleistung«; sie schreiben Bücher und werben mit ihrem Namen für spirituelle Produkte. Letztes Jahr jedoch fand sich bei einem der bekanntesten Teams ein Neuling ein, von dem die Trainer Großes erwarteten. Als die Spielsaison begann, brachte er jedoch immer dann, wenn er jemanden rammte oder verletzte, »tut mir leid«, »Entschuldigung« oder »vergib mir« hervor. Die Schiedsrichter verpassten ihm Strafen, die Trainer waren bestürzt, und die Fans begannen ihn auszubuhen. Ein Treffen der Funktionäre führte zu dem einstimmigen Urteil, dass er das Spiel ruiniere. Es musste etwas geschehen. Er wurde in das Büro des Vorstands beordert und gefeuert. Er bat um Entschuldigung, einen solchen Konflikt verursacht zu haben. Sie vergaben ihm.

Auch mit den besten Absichten

Während eines Trainingsprogramms in unserem Haus begann Jane in der morgendlichen Pause Kaffee für die Gruppe zu kochen. Sie bemerkte, dass jemand schon einen Filter mit der passenden Menge an Kaffeepulver eingelegt hatte. Daraufhin füllte sie die leere Glaskanne mit Wasser und goss es in die Maschine, aber zu ihrer Überraschung war bereits Wasser darin und so wurde alles mit Wasser und Kaffeepulver überschwemmt – eine schöne Bescherung!
Jane wollte sich hilfsbereit zeigen und verursachte stattdessen

diese Bescherung. Was ist mit der Person, die die Kaffeemaschine bereits vorbereitet hatte? Auch sie hatte hilfreich sein und alles vorbereiten wollen, damit andere weniger Arbeit haben. Aber da Jane das Wasser in der Kaffeemaschine nicht bemerkte, gab es diese Bescherung und die Wasserverschwendung. Trotz ihrer Hilfsbereitschaft haben sich beide gegenseitig und dem Rest der Gruppe Unannehmlichkeiten bereitet.
Mir geht es oft genauso – ich hege die Absicht, etwas Gutes zu tun oder behilflich zu sein, und am Ende habe ich stattdessen ein Problem geschaffen, obgleich ich nur guten Willens war, und das bedrückt mich. Einmal, als ich die Sachen meiner Frau wusch, war ihre Lieblingsbluse anschließend eingelaufen; und ich habe verschiedentlich meine Mutter angerufen, um ihr eine Freude zu bereiten und ihr meine Zuneigung zu zeigen, und das Telefonat endete mit einer Auseinandersetzung. Ich kann es anstellen, wie ich will, meine Hilfsbereitschaft zieht vielfach auch Probleme nach sich.
Manchmal bin ich ziemlich frustriert oder verzweifelt darüber. Der Wunsch, weise, freundlich und liebevoll zu sein, steht meinem realen Egoismus und meiner Dummheit gegenüber, und das ist nicht immer einfach. Das Leben trägt mich jedoch und sorgt für mich, auch wenn meine Versuche, Gutes zu tun, manchmal vergeblich sind. Und das nicht, weil ich es verdient habe, sondern trotz meiner Fehler und meines Egoismus. Wenn wir die Unterstützung, die wir erhalten, den tatsächlichen Problemen, die wir bereiten, gegenüberstellen, dann lösen sich unsere Versuche, uns selbst und anderen etwas vorzugaukeln, von selbst auf. Was bleibt, ist ein natürlicheres und realistischeres Leben.
Natürlich zu leben bedeutet einfach, ein menschliches Wesen zu sein. Der Zen-Dichter Ryokan schrieb ein Gedicht über ein Ahornblatt:

Das Ahornblatt
fallend zeigt es
Oberseite
Unterseite

Ein einfaches, bezauberndes Gedicht mit einer wunderbaren Aussage über das Leben. Wenn ein Ahornblatt fällt, dann fällt es einfach. Es verbirgt keine seiner Seiten und versucht nicht, gut auszusehen. Als Ryokan das Ahornblatt fallen sah, fiel ihm das Bestreben der Menschen ein, sich immer nur von ihrer besten Seite zu zeigen, und er verbeugte sich in Bewunderung vor der Natürlichkeit und Unverstelltheit des Blattes.

Wenn ich versuche, das Leben eines Ahornblattes zu leben, führt mich allein der Versuch Lichtjahre davon fort. Schon die Vorstellung eines solchen Lebens ist genährt von dem egoistischen Wunsch, vor anderen gut dazustehen. Ein Ahornblatt sein zu wollen oder stolz zu sein auf die eigene Demut – welch eine Dummheit. Jetzt, da ich darüber schreibe, kann ich über dieses Bestreben nur lachen. Solche Bemühungen bringen mich im einen Moment zum Lachen, im anderen zum Weinen. Manchmal lache und weine ich auch einfach so.

Einige von Janes Kollegen kamen ihr zu Hilfe und wischten die Bescherung auf. Es wurde erneut Kaffee aufgesetzt. Wenig später entspannte sich Jane in einem bequemen Sessel mit einer Tasse Kaffee, der so zubereitet war, wie sie ihn mochte. Sie hatte sich bemüht zu helfen – es wurde ihr geholfen. Sie wollte dienen, es wurde ihr gedient. Das Leben selbst ist nicht schwierig. Nur unser Bemühen.

Geheimnis und Mythos des Getrenntseins

Wir bemühen uns zeitlebens, eigenständige und von der übrigen Welt getrennte Individuen zu sein. Wir errichten Zäune, verschließen unsere Türen und gehen unseren Wünschen und Zielen nach im Vertrauen auf die Grenzen zwischen Ich und Nicht-Ich. Wenn wir uns jedoch genau betrachten, wird die Beschaffenheit dieser Grenzen in Frage gestellt. Wir erkennen, dass unser Körper, der Stoff, aus dem wir sind, und auch unsere Vorstellungen und Worte wie Musikkompositionen sind, deren Noten woanders herstammen.

Wir werden unruhig, wenn jemand die Grundfesten unserer Identität in Frage stellt. Das hat ja nicht nur Konsequenzen für das, was auf unserer Visitenkarte steht. Wenn wir entdecken, dass wir eine Auseinandersetzung mit einem Familienmitglied nicht »gewinnen« können, was geschieht dann? Welche Verantwortung entsteht, wenn wir uns als Verwalter und nicht als Besitzer unserer Sachen sehen? Wie lösen wir das Dilemma, wenn wir die Rollen von Opfer und Täter nicht mehr so klar trennen können wie bisher? Was tritt an die Stelle des Stolzes auf unsere Leistungen, wenn uns das Netzwerk der Menschen und Dinge bewusst wird, die diese Leistungen erst ermöglicht haben?

Wir haben uns in der Illusion von unserer Getrenntheit recht bequem eingerichtet. Es gefällt mir vermutlich zu denken, dass

mein Leben, meine Entscheidungen und mein Körper »mir gehören«. Auf diese Weise kann ich mich dagegen verwahren, dass andere mir sagen, was ich tun soll. Auf diese Weise kann ich mir die Verantwortung für die Probleme unserer Gesellschaft oder unseres Planeten vom Leib halten. Doch in dieser Illusion von unserer Getrenntheit liegt keine echte Sicherheit, kein Friede und keine Wahrheit.
Sind wir bereit, unser Verbundensein zu untersuchen, entfaltet sich eine völlig neue Lebenserfahrung. Wir fühlen uns unterstützt und umsorgt, wir fühlen uns Menschen nahe, denen wir noch nie begegnet sind. Unsere Familie wächst in alle Richtungen. Diese Verbundenheit führt uns an die Schwelle zur Spiritualität und an die Schwelle unserer wahren Lebensaufgabe. Dieser Weg wird uns inspirieren und uns Freude schenken, und er befreit uns von dem Ballast, uns selbst zu wichtig zu nehmen. Doch zuerst müssen wir hinter uns lassen, was wir zu sein glauben.

Wer bin ich?

Haben Sie heute schon Ihren Mitochondrien gedankt? Wenn wir untersuchen wollen, wer wir sind, stellt sich die Frage, wer jenes »Ich« eigentlich ist, das die Untersuchung führt. Entdeckungen der letzten Jahrzehnte haben mehr Licht in unseren biologischen Aufbau gebracht und unsere Annahme in Frage gestellt, dass wir eine vom Rest der Welt gesonderte Einheit bilden. Im Inneren unserer Zellen gibt es Organellen – das sind in sich abgeschlossene Zellbestandteile, die Mitochondrien genannt werden. Sie wirken wie kleine Kraftwerke und wandeln

Sauerstoff und Nahrungssubstanzen in Energie um, die von jenem Körper weiterverarbeitet wird, von dem ich dachte, dass er »mir« gehört. Diese Lebewesen schwimmen im Zytoplasma der Körperzellen. Jede einzelne Körperzelle kann einige Dutzend oder auch Hunderte von Mitochondrien beherbergen und wird von ihnen mit Energie für alle Zellaktivitäten versorgt. Ohne Mitochondrien könnten wir weder einen Zeh bewegen noch mit den Augen zwinkern, ja nicht einmal denken. Der Molekularbiologe David Clayton beschreibt es so: »Die Alternative zu funktionsfähigen Mitochondrien heißt Tod.«

Das Interessante an diesen kleinen Dingern ist, dass sie nicht wirklich »uns« gehören. Als genetischen Bauplan besitzen sie ihre eigene DNA, die von der menschlichen DNA der Zellkerne völlig verschieden ist. Die Mitochondrien erhalten und reproduzieren sich selbst. Sie ähneln mehr den Erregern des Fleckfiebers oder Bakterien, die an Bohnenwurzeln leben, als dass sie mit uns verwandt wären. Dennoch bevölkern sie den menschlichen Körper in riesiger Zahl. Der Biologe Lewis Thomas schätzt, dass »ihre reine Trockenmasse zusammengenommen größer ist als das, was ohne sie von mir übrig bliebe.«

Die Entdeckung der Mitochondrien und ihrer ungewöhnlichen Struktur stellt unsere Autonomie als separate Wesen aus biologischer Sicht in Frage. Wir geben bereitwillig zu, in wechselseitiger Abhängigkeit von der Welt »da draußen« zu leben, aber jetzt scheinen wir außerdem noch in wechselseitiger Abhängigkeit von Lebewesen »hier drinnen« zu existieren, deren Funktion wir beispielsweise dazu benötigen, unsere Augen über diese Zeilen gleiten zu lassen.

Was ist also wirklich »außen« und was ist »innen«? An welcher Stelle hört das »Ich« auf, und wo fängt das »Nicht-Ich« an? Was bildet die Grenze zwischen »uns« und »anderen«? Sicher nicht die dünne Schicht Haut, die unseren Körper umgibt. Unsere

Identität schien durch unseren Körper immer klar definierbar. Sein Umfang war unsere Landessicherheitsgrenze, und alles innerhalb dieses dreidimensionalen Bereiches liegt innerhalb meines Territoriums: Übertreten verboten! Fass »mich« nicht an! Aber welche Erklärung haben wir dann für unsere Rührung, wenn wir das Bild eines verhungernden Kindes in Afrika sehen? Und wie erklären wir unsere Freude, wenn gerade ein Baby aus den Trümmern eines Erdbebens in Indien geborgen wurde? Die Ereignisse »da draußen« berühren uns manchmal »hier drinnen«. Denken wir an die Mitochondrien, die Geburt eines Kindes oder daran, was in einem Komposthaufen geschieht, so beginnt die Kontur unserer abgegrenzten Identität zu verschwimmen. Vielleicht sind die Grenzen unseres Körpers schlichtweg eine Illusion. Wir sind wie Pächter, die gleichzeitig Räume untervermieten, und manchmal halten wir inne und beginnen nach dem Hausbesitzer zu suchen.

»Wir sind nicht die Herren unseres Könnens und Wissens. Wie unsere Talente und unsere Gesundheit sind es uns zu unserem Gebrauch überlassene Gaben. Wir sollten in dem Bewusstsein leben, dass zeitweilig uns überlassene Besitztümer uns nicht wirklich gehören und dass wir rechtfertigen müssen, wie wir damit umgehen.«

ALBERT SCHWEITZER

Wir sind nicht die einzigen Wesen, die mit Mitochondrien gesegnet sind – sie existieren in Vögeln und Delphinen, im Seetang, in meinem Hund und in den Eichhörnchen, die clever genug sind, den Futterspender für die Vögel auf meiner Veranda zu plündern. Lewis Thomas schreibt weiter zu Mitochondrien:

»Sie bilden meinen inneren Zusammenhalt; ich habe überall Verwandte ersten Grades. Das ist neu für mich, und ich bedaure, dass ich mit meinen Mitochondrien nicht näher in Kontakt treten kann ... Manchmal denke ich, wenn ich nur mehr über sie wüsste und darüber, wie sie für unser Zusammenspiel sorgen, fände ich einen neuen Zugang zur Musik.

Ich gebe zu, dass ich meine Mitochondrien zeit meines Lebens (oder wenigstens bis vor kurzem) für selbstverständlich genommen habe. Ich habe sie weder wertgeschätzt und ihnen gedankt, noch habe ich bewusst irgendetwas für sie getan. Ich habe einfach mein Leben gelebt, gegessen, geatmet, geblinzelt, geredet, gedacht und mich ab und zu gefragt, wer ich bin. Und um all das tun zu können, hat die Gemeinschaft all der Mitochondrien rund um die Uhr hinreichend Energie in mich hineingepumpt. Ich glaube, sie leisten gute Arbeit.
Wenn ich lese, was ich hier gerade schreibe, dann richte ich ein Dankeschön an die Mitochondrien in meinem Sehnerv und bei dieser Gelegenheit auch an den Rest von ihnen für all die harte Arbeit in den vielen vergangenen Jahren. Allerdings stammt die Energie für ein gesprochenes, geschriebenes oder auch nur Bedachtes Dankeschön ja auch von ihnen. Ohne sie wäre selbst Danken nicht möglich – nicht einmal das kann ich ohne Hilfe. Die Frage bleibt jedoch: Wer ist das jetzt, der sich bedankt?

Die Herkunft der Dinge

Ich bin von Dingen umgeben – einige sind nützlich, andere sind hübsch anzusehen. Hin und wieder mache ich mir den Spaß einer Inventur und besinne mich darauf, woher all die Dinge kommen. Mir wird dadurch klarer, wie komplex das Netzwerk der Menschen und der Dinge ist, die mir in materieller Hinsicht nützlich sind.

Ich sitze im Wohnzimmer des Hauses, das ich mit meiner Familie gemietet habe und nicht besitze und das seither als Schulungs- und Retreat-Zentrum unter meiner Leitung steht. Einige der Dinge in diesem Zimmer gehören dem Zentrum, zum Beispiel das bequeme grüne Sofa, auf dem ich gerade sitze, oder der Holzofen, der das Zimmer wärmt. Ebenso die Einbauten im Esszimmer. Ich behandle diese Dinge wie mein Eigentum, obwohl sie das nicht sind – sie gehören jemand anderem. Ich darf sie nur benutzen.

In der Ecke steht ein schwarzes Klavier, das ein älteres kleineres braunes Klavier enthält. Das braune Klavier wurde von meinen Eltern angeschafft, als ich im Alter von zehn Jahren Klavierstunden zu nehmen begann. Nach dem College zog ich nach Virginia, und meine Eltern erlaubten mir, das Klavier mitzunehmen. Ein paar Jahre später beschloss ich, mir ein neues Klavier anzuschaffen; ich verkaufte das alte und verwendete das Geld als Anzahlung. Damals kam mir nicht in den Sinn, das Geld etwa meinen Eltern zurückzugeben; ich glaube, ich habe ihnen nicht einmal vom Verkauf des Klaviers erzählt. Ich hatte das Klavier zu meinem Eigentum erklärt, einfach weil es in meinem Haus stand. Wenn ich mich jetzt an mein Klavier setze, erinnert es mich regelmäßig an seinen Vorgänger, ohne den es hier nicht stünde.

Oben auf dem Klavier hat die wunderschöne Holzskulptur eines Kojoten ihren Platz gefunden, die uns Kris, einer unserer Naikan-Teilnehmer, vor vielen Jahren schenkte. Mir scheint, als heule der Kojote, um mein Klavierspiel zu übertönen, bei dem ich oft nicht darauf achte, ob jemand anders zugegen ist. Die Skulptur ist aus sehr schönem Holz, ich glaube, aus Kirschholz, natürlich von einem Baum. Auf seinem Weg bis oben auf mein Klavier wurde es von einer kleinen Heerschar von Menschen gesägt, transportiert, geschnitzt, gebeizt und zur Schau gestellt, die dazu Werkzeuge, Maschinen und sonstige Dinge benötigten, die wiederum von einer Heerschar von Menschen geschaffen wurden.

Im Esszimmer steht ein Eichentisch, über dessen Geschichte ich wenig weiß, denn mein einziger Besitzanspruch besteht darin, dass ich seine Besitzerin geheiratet habe. Ein schöner runder Tisch mit ein paar wackligen Stühlen, der mir (und anderen) seit mehr als zehn Jahren gute Dienste leistet.

In der Nähe des Klaviers sind Meditationskissen auf dem Boden gestapelt. Zwei davon wurden von Frau Tsuji angefertigt, der Ehefrau eines buddhistischen Priesters, der über viele Jahre mein Lehrer war. Die Nähte der Kissen sind widerstandsfähig genug, mein Gewicht nun schon zwanzig Jahre lang auszuhalten. Daneben hängt ein kleines Bild aus Trockenblumen, unter Glas und mit einem Rahmen aus Eichenholz versehen, ein Geschenk von Sue, einer langjährigen Freundin und ehemaligen Vorsitzenden der Leitungsgruppe des Zentrums. Die Geschichte dieses Wandschmucks umschließt Pflanzen sowie Sonne, Regen und Erde, die sie wachsen ließen. Ich weiß nicht, wer dieses kleine Kunstwerk daraus schuf, aber ich betrachte es gern.

Vom Wohnzimmer aus sehe ich einen Topf mit einem kupfernen Boden, der auf dem Küchenherd steht – ein Geschenk von Julie vor etwa zehn Jahren. Ich vermag nicht zu schätzen, wie viele Suppen meine Frau und ich darin schon gekocht haben. Wie Kupfer abgebaut wird, entzieht sich meiner Kenntnis, aber ich denke, es waren mehr als nur ein paar Menschen und Maschinen erforderlich, um aus dem Mineral, eingebettet in Erdschichten, den Boden eines Topfes zu machen.

Ich benutze all diese Dinge, und sie dienen mir fast jeden Tag meines Lebens. Einige sind nützlich, andere sind einfach nur schön. Ich stelle mir gern vor, wie sie hergestellt wurden und den Weg zu mir fanden. Doch je mehr ich über die unsichtbaren Menschen nachdenke, die die Dinge hergestellt haben, die Materialien, die geformt wurden, die Werkzeuge, die nötig waren, die Menschen, die wiederum diese Werkzeuge erfunden haben ... Es dauert nicht lange, und ich nehme meine Sachen und mein Leben auf ganz neue Weise wahr. Diese Dinge »gehören« nicht mehr »mir«. Eher bin ich der Verwalter dieser einmaligen Sammlung von Dingen, die sich entschieden haben, dieses Haus für kurze Zeit mit mir zu teilen. Einiges davon werde ich überleben; das, was kaputtgeht und auf irgendeiner Mülldeponie landet und Platz schafft für Ersatz. Andere Dinge werden mich überleben, wenn mein Körper seinen Dienst einstellt, seine »Deponie« findet und – wie mein Klavier – durch etwas mit jugendlicherer Stimme und weniger Kratzern auf dem Lack ersetzt wird.

Die vielleicht wichtigste Schlussfolgerung aus den Überlegungen zu diesen Dingen ist, dass alles wiederum aus anderen Dingen gemacht ist. Man kann jedes einzelne Ding untersuchen und stellt fest, dass es lediglich aus anderen Dingen zusammengesetzt ist. Ob wir ein menschliches Wesen oder ein Sofa sind, wir schulden unseren »Zutaten« und den Köchen, die uns zusammengerührt und gebacken haben, unsere Anerkennung. Es ist leicht zu vergessen, woher unsere Sachen stammen, sie als »meins« zu bezeichnen und uns selbst als

Herrscher unserer isolierten und unabhängigen materiellen Welt anzusehen. Doch wenn wir einen Moment innehalten und über die Herkunft der Dinge nachdenken, begreifen wir die wechselseitige Verbundenheit von allem in Zeit und Raum – das, was uns umgibt, und das, was wir selbst sind. Wie können wir uns in einer solchen Welt ungeliebt fühlen oder einsam?

Mein Herz ist dein Herz

Meine Frau und ich waren zum Ski-Langlauf in die Green Mountains gefahren, zu einem Ort namens »Blueberry Hill«. Es hatte angefangen zu schneien, der frische Schnee bildete eine weiche Decke, und so glitten wir über die weißen Hügel. Nach einem ziemlich anstrengenden Anstieg machte ich eine Pause, um Luft zu holen. Doch wie ich merkte, konnte ich die Luft nicht »holen«, sie nicht bei mir behalten, denn jeder Atemzug verschwand einfach, zuerst in meiner Lunge, dann wieder nach draußen. Mein Herz schlug so heftig, dass mein gesamter Brustkorb vibrierte. Unter der Schicht diverser Kleidungsstücke spürte ich den Schweiß auf meiner Haut. Ein enormer Austausch fand statt, Feuchtigkeit, Hitze und Luft wechselten von »drinnen« nach »draußen«. Die Luft draußen, mit ihrem lebenspendenden Sauerstoff und den ganzen unsichtbaren Kleinstlebewesen wurde eingesogen, versorgte mein Blut, mein Gehirn und alle übrigen Organe. Eine Schneeflocke landete auf meiner Lippe, ich spürte ihre feuchte Kälte. Ich erblickte den Schnee, der auf den Blättern und Zweigen der immergrünen Bäume und gelben Birken kleine Kuppen bildete.

Ich weiß, dass meine Haut nicht die Grenze zwischen mir und der Außenwelt bildet. Dennoch vergesse ich das leicht und missverstehe diesen Körper und sein Inneres als »meines«, als etwas klar Umrissenes, das ich besitze. Und weil ich ihn besitze, kann ich damit machen, was ich will, richtig? Ich kann ihn mit Zigaretten vergiften, mit Fett vollstopfen und mit Alkohol tränken. Es ist mein Körper, und ich mache damit, was mir gefällt, basta.

Aber die Tatsachen führen uns zurück zu dem, wer wir sind und wer nicht. Denn wenn dieser Körper ausatmet, atmet der Rest der Welt ein.

Die Wissenschaft liefert uns dafür Beweise. Sie findet Tabakgifte in den Lungen von Kindern, die nicht rauchen. Sie zeigt, wie Viren und Bakterien zwischen Menschen übertragen werden, und sie beweist, dass Chemikalien aus Spraydosen und Fabrikschornsteinen die Atmosphäre und das Wetter beeinflussen. Die Wissenschaften ermöglichen uns, wahrzunehmen, was normalerweise verborgen bleibt, und wir werden mit Nachdruck daran erinnert, wer wir sind. In der Kirche, im Gebet und in der Meditation schätzen wir diese Erkenntnisse. Dort lassen wir uns gern erinnern und finden es erbaulich zu hören, dass wir mehr sind als nur eine kleine Ansammlung geschäftiger Teilchen, die eines Tages ihre Arbeit einstellen werden. Nur wenn die Sprache auf unsere Gesundheit kommt, wollen manche von uns von dieser Erkenntnis nichts mehr wissen. Wir wollen nicht hören, dass wir anderen schaden; es ist uns lästig, uns für die Gesundheit eines *jeden* Menschen und eines *jeden* Dinges verantwortlich zu fühlen. So verharren wir in unserer Ignoranz, verschließen die Augen und verfallen sogleich wieder der Illusion der Unabhängigkeit, und dies in einer Welt, in der alles in wechselseitiger Abhängigkeit existiert.

Wir müssen nicht in den Wissenschaften bewandert sein, um

zu erkennen, welche Auswirkungen unsere Gesundheit auf andere hat. Die Höhe der Krankenkassenbeiträge und der Steuern weist direkt darauf hin, ebenso wie das Maß der Fürsorge, die unsere Familie aufbringen muss, wenn wir krank sind und Pflege brauchen. Wie bedrückend sind die Tränen eines Kindes, dessen Mutter oder Vater an einer vermeidbaren Krankheit gestorben ist. Es berührt mich, wenn ich neben dem Kind am Sarg stehe und einatme, während es ausatmet. Seine Tränen sind in dem Glas Wasser, das ich trinke. Und die Trauer in seinem Herzen weckt Traurigkeit in meinem – eine »Erklärung« dafür habe ich nicht. Brauchen wir noch einen Beweis, dass die Schwingungen eines gesunden wie kranken Lebens das Universum durchdringen?

Sie sorgen also nicht nur für Ihren eigenen Körper, wenn Sie heute Fitnessübungen oder Yoga machen oder ein gesundes Mahl verzehren. Und wenn Sie Menschen joggen oder Rad fahren sehen, dann geht es nicht allein um deren Gesundheit.

Meine Frau ist auf ihren Skiern vor mir unterwegs. Ich beobachte, wie ihr Körper beim Ausschreiten hin- und herwiegt. Sie hinterlässt mir eine Spur, in der ich ihr leichter folgen kann. Danke, Linda. Ich bin froh, mit einer Frau verheiratet zu sein, die sehr auf ihre Gesundheit achtet. Unsere Gesundheit. Letzten Endes werden ihr Körper und der meine und unser aller Körper ihr Funktionieren einstellen; wir werden verschwinden, so wie der Schnee im Frühling dahinschmilzt. Aber solange wir hier sind, gibt es eine Menge zu tun. Wir haben die einmalige Gelegenheit, mit unserem Leben etwas Sinnvolles anzufangen, und dazu steht uns dieser Körper zur Verfügung, wunderbar und zweckmäßig eingerichtet. Was fangen wir also mit diesem außergewöhnlichen Geschenk an?

Krankheit und Vertrauen

Krank zu sein ist eine gute Gelegenheit, um Naikan zu üben. In solch einer Phase werden wir oft sehr ichbezogen und quälen uns mit der Frage herum: »Warum muss mir das passieren?« Mit unseren Beschwerden und Problemen kreisen wir vielleicht derart um uns selbst, dass wir die Fürsorge und Unterstützung, die wir durch unsere Umgebung erfahren, aus den Augen verlieren. Shundo Aoyama, eine Zen-Meisterin, schreibt:
»Wenn uns eine Krankheit trifft, dann sehen wir ihr am besten geradewegs in die Augen und empfangen sie mit offenen Armen! Seien wir dankbar, dass die Krankheit uns hilft, auf unserem Weg voranzukommen. Nutzen wir die Zeit der Krankheit dafür, uns über Aspekte unseres Lebens klarer zu werden, die wir sonst übersehen.«

Es gibt kaum eine größere Herausforderung, als eine »Krankheit mit offenen Armen zu empfangen«. Ich arbeite regelmäßig mit Menschen, die an Krebs, Aids oder anderen lebensbedrohlichen Krankheiten leiden. Eine der Übungen besteht darin, die Zeit unmittelbar nach einem schwerwiegenden Eingriff wie einer Operation oder nach einer Chemotherapie zu prüfen. Was haben Sie in der Woche danach von anderen Menschen bekommen? Hat jemand Essen für sie zubereitet oder Ihnen serviert? Hat Sie jemand besucht oder angerufen, während Sie im Krankenhaus waren? Haben Sie Bücher, Zeitschriften oder sonstige Geschenke erhalten? Wer hat Ihre Kleidung gewaschen? Wer hat sich um eine etwaige Kostenübernahme gekümmert? Stand Ihnen ein Telefon oder ein Fernseher zur Verfügung, hatten Sie Licht zum Lesen? Wie viele Menschen haben ihre Zeit gegeben und sich bemüht, Ihnen zu helfen? Was hat Ihre Partnerin oder Ihr Partner für Sie getan, was die Ärztinnen und Ärzte, die Schwestern und Pfleger? Als Sie Schmerzen litten, was geschah in dieser Zeit sonst noch? Wenn wir auf nichts anderes mehr achten als auf unser Leiden, vergrößern wir es unnötig.

Als Erwachsener war ich glücklicherweise die meiste Zeit über gesund. Bedenken wir jedoch, dass wir auf Gesundheit keinen Anspruch erheben können, denn letztlich können wir weder Krankheit noch Tod entgehen, und Gesundheit ist ohnehin eher ein Geschenk als unser Verdienst. Das erfuhr ich vor einigen Jahren, als ich mir ein Virus zuzog, das mich für zwei Wochen völlig lahmlegte. Es war nicht lebensbedrohlich, aber ich war seit fünfzehn Jahren nicht mehr so krank gewesen; ich hatte tagelang Fieber, Hitzewallungen und Schweißausbrüche, und drei Nächte hintereinander konnte ich nicht mehr als eine Stunde schlafen. Mir tat alles weh, und ich konnte kaum noch liegen. Ein starker Husten kam hinzu, und jeder Hustenanfall verursachte stechende Kopfschmerzen. In der zweiten Woche gesellten sich noch ein starker Druck im Schädel und Atembeschwerden hinzu. Mein Kopf fühlte sich an wie ein Eisblock und schmerzte permanent, und weder mein Sofa noch mein Bett verschaffte mir Erleichterung.

Verglichen mit schweren Krankheiten sind diese Symptome nicht allzu gravierend, und doch war ich beeindruckt, dass man auch durch eine relativ leichte Erkrankung vollständig lahmgelegt werden kann. Seitdem habe ich erheblich größeres Verständnis und Mitgefühl für Menschen mit chronischen Erkrankungen.

Vertrocknete braune Kiefernnadeln
fallen aus dem Dickicht frischer grüner Zweige.
Derselbe Frühlingsregen,

der die schlafenden Knospen zum Leben erweckt,
wird sie fortspülen.

Ho Sen

Als ich krank war, versuchte ich zumindest so weit einen klaren Kopf zu behalten, dass ich wenigstens für ein paar Minuten täglich meine Naikan-Übung durchführen konnte. Nach meiner Genesung unternahm ich einen Waldspaziergang und reflektierte die zurückliegenden beiden Wochen ausführlich. Hier ist eine verkürzte Fassung dieser Prüfung:

Was habe ich während meiner Krankheit bekommen?
Ich hatte ein bequemes Bett, um zu ruhen und zu schlafen, mit einer warmen Daunendecke und weichen Kissen. Meine Frau hat in dieser Zeit einige Male das Bettzeug gewechselt. Ich hatte heißes Wasser, bekam frische Handtücher und konnte duschen. Meine Frau hat mir drei Mal ein Bad mit Eukalyptusöl bereitet, das meine Atembeschwerden und meinen Husten zeitweilig linderte und gegen die Kopfschmerzen half. Sie empfahl mir Inhalationen mit Kamille oder Eukalyptus, die den Druck im Kopf und den Husten ebenfalls minderten. Unser Herd und die Elektrizität ermöglichten es, Wasser zu kochen und Dampf zu erzeugen. Ich nahm etwa fünfundsiebzig Vitamintabletten zu mir; sie stammten aus dem Laden meines Freundes Hal, meine Frau hat sie gekauft und mir gebracht. Ich bekam Heilpflanzen aus dem örtlichen Kräuterladen, wie Echinacea, Süßholz und Cayenne, sowie Hustenbonbons. Unser Brunnen gab genug Wasser, und dank unseres Wasserkessels konnte ich jederzeit einen Kräutertee aufgießen. Einmal hat meine Frau mir nachts einen Brustwickel gemacht, und das Sofa der Hauseigentümerin ergab ein bequemes Lager mit einer Kopfstütze. Ich habe mehr als fünfhundert Papierta-

schentücher verbraucht und Aloe-Creme für meine wunde Nase bekommen. Meine Frau weiß eine Menge über Naturheilkunde und besitzt viele Bücher darüber; ich habe von ihrem fachkundigen Rat profitiert. Sie hat mir morgens vor der Arbeit oft frischen Saft gepresst, und einmal kam sie extra mittags nach Hause, um nach mir zu sehen und mir etwas zu essen zuzubereiten. Öl und Heizung haben mir Wärme verschafft, die Wände und das Dach des Hauses schützten mich vor Wind, Kälte, Schnee und Regen. Ich konnte das Telefon und das Leitungsnetz nutzen und mit der Außenwelt in Kontakt bleiben. Ein Radio überbrachte mir Neuigkeiten, und von meiner Frau erhielt ich regelmäßig Zeitungen. Mir standen viele gute Bücher zur Verfügung, einschließlich der beiden, die mir Jim Roberts und Perri Ardman geschenkt haben. Ich genoss die treue Gesellschaft meines Hundes, der mir ab und zu, wenn ich etwas bei Kräften war, einen guten Anlass zu einem kleinen Spaziergang an der frischen Luft verschaffte. Mein Job erlaubt es, dass ich mir die Zeit frei einteilen kann. Ich konnte nur sehr begrenzt arbeiten, bekam aber mein volles Gehalt. Meine Frau übernahm die meisten Besorgungen und den Großteil der Hausarbeit; sie brachte die Post mit nach Hause, bereitete Essen zu, spülte das Geschirr, fütterte den Hund und machte mit ihm seinen Morgenspaziergang. Sie war eine wunderbare Krankenschwester; einmal hat sie ein Leihvideo besorgt und einen Karottenkuchen gebacken, und sie hat dafür gesorgt, dass immer genügend Obst, Salat und Gemüse da waren, als ich wieder etwas essen konnte. Mir stand eine Toilette für das zur Verfügung, was mein Körper nicht mehr verwerten konnte. Ich erhielt eine Genesungskarte von meiner Schwiegermutter und nutzte die Dienste meines Immunsystems, das auf geheimnisvolle Weise für mich arbeitet.

»Auch vom Kopfschmerz lernte ich etwas über Naikan. Wir vergessen es nicht so leicht, wenn das Verhalten anderer nicht unseren Erwartungen entspricht. ›Er hat mir nie gesagt, dass er mich liebt!‹ oder ›Sie hat mir nie genug Aufmerksamkeit geschenkt!‹ Wir widmen den negativen Dingen mehr Beachtung und benutzen sie als Entschuldigung. Auch meinen Kopfschmerz nehme ich so wahr, nämlich auf Kosten all der anderen, der unbeschwerlichen oder gar angenehmen Körperempfindungen. Ich erkenne, wie viele Tatsachen ich ausblende, als ob sie nicht existierten.«

KATANNYA VAN TYLER

Was habe ich während meiner Krankheit gegeben?
Ich kann mir nicht denken, dass ich während meiner Krankheit viel gegeben habe. Ich habe den Hund sechs- oder siebenmal ausgeführt. Ich habe täglich die Vögel gefüttert und ein- oder zweimal einige Sachen meiner Frau gewaschen. Eines Morgens, als es mir schon besserging, habe ich meiner Frau das Frühstück gemacht. Ich habe eine Socke gestopft und ein wenig im Garten gearbeitet, den Kompost gewendet und die Erde aufgelockert. Ich habe eine künstliche Beleuchtung für die Setzlinge verlegt. Das ist alles, woran ich mich erinnere.

Welche Probleme und Schwierigkeiten habe ich anderen bereitet?
Ich habe eine Kanufahrt mit meinem Freund Ken abgesagt und eine Besprechung mit unserer Vorstandsvorsitzenden verschoben, und dies zwei Stunden vor dem angesetzten Termin. Ich bin mit allen Verpflichtungen in Zeitrückstand geraten – Steuerzahlungen, Schreiben und Redaktionsarbeit –, und das zum geringeren oder größeren Nachteil einer ganzen Anzahl von

Menschen. Ich hinterließ in der Küche täglich eine Menge schmutziger Teetassen und Teller, die meine Frau abends nach ihrem Arbeitstag gespült hat. Meine Krankheit hat sie am meisten belastet. In meinen schlaflosen Nächten wälzte ich mich herum, stand auf und legte mich wieder hin und störte damit ihren Schlaf. Sie trug die Last zusätzlicher Hausarbeit und musste sich oft meine Klagen über meine Beschwerden, meine Schmerzen und meine Müdigkeit anhören. Wenn ich früh zu Bett ging, vergaß ich oft, den Wecker zu stellen, und sie hat das nachholen müssen und sich bemüht, mich dabei nicht zu stören. Ich habe sie enttäuscht, wenn ich ihre Ratschläge nicht befolgte, und einmal habe ich meinem Ärger Luft gemacht, obwohl sie mich da bereits mehr als eine Woche lang umsorgt hatte. Ich bot wahrhaftig keinen schönen Anblick in dieser Zeit und lief recht schlampig herum, und es war mir ziemlich gleichgültig, wie andere das empfanden. Ich habe auch meine Kleider nicht gut behandelt, ich habe sie einfach auf den Stuhl neben dem Bett geworfen, anstatt sie zusammenzulegen oder in den Schrank zu hängen.

So weit zu den Lebensumständen während meiner Krankheit. Durch die Naikan-Prüfung dieser Zeit wurde mir eingehend bewusst, wie viel für mich getan worden war. Ich sah auch klar meine Schwächen und dass ich anderen einige Probleme und Unannehmlichkeiten bereitet hatte. Mit solch einem Bewusstsein öffnen wir uns für spirituelle Erfahrungen. Wenn wir uns aufgeben, wenn wir uns ohne Kraft und Hoffnung fühlen, dann weitet sich unser Herz für das tiefe Mitgefühl und die Liebe einer Macht, die größer ist als wir. Während meiner Krankheit fiel mir eine Geschichte über einen berühmten buddhistischen Meister des neunzehnten Jahrhunderts ein, mit Namen Manshi Kiyozawa. Zunächst lief alles für ihn zum Besten. Er war ein bedeutender Lehrer des Otani-ha-Zweiges des »Reinen-Land«-Buddhismus. Eine Heirat verlieh ihm einen gewissen sozialen Status; er war jung und gesund und im weltlichen Leben recht erfolgreich. Doch dann änderte sich alles auf einen Schlag. Er verlor seine Arbeit und wurde aus machtpolitischen Gründen aus seiner buddhistischen Gemeinschaft ausgeschlossen, und dann bekam er Tuberkulose. Krank und ohne Anstellung, musste er von der Unterstützung seines Schwiegervaters leben. Dennoch erlebte er, wie er schilderte, gerade in dieser Zeit eine tiefe spirituelle Einsicht. Er führte ein Tagebuch mit dem Titel »Ein Fächer im Dezember«, deshalb so benannt, weil er sich ebenso nutzlos fühlte wie ein japanischer Fächer im kalten Winter. Darin schrieb er, wenige Jahre vor seinem Tod: »Was ist die wichtigste Aufgabe auf deinem Weg? An erster Stelle steht die Selbstbetrachtung. Erkennst du deine Natur, erlangst du Einsicht in den Höchsten Weg.«

Kiyozawa erkannte, wie vergeblich sich sein Selbst angestrengt hatte, etwas erreichen zu wollen. Er fand Freiheit, indem er sich vollständig einer Macht anvertraute, die größer ist als er selbst. Krankheit kann das Tor zu dieser Freiheit sein, wenn wir bereit sind, uns und unser Dasein ernsthaft und aufrichtig zu prüfen.

Innige Aufmerksamkeit

Es war das erste Treffen mit Steve und Cindy. Mit Steve führte ich ein Gespräch, während Cindy in einem anderen Zimmer Naikan übte. Steve sagte: »Wir mögen Musik und spielen beide Klavier. Mein sehnlicher Wunsch ist, dass wir Stücke für zwei Klaviere oder vierhändig spielen, es würde mir viel bedeuten. Aber Cindy will meiner Bitte nicht nachkommen. Es fällt ihr schwer, vom Blatt zu spielen, aber sie will es auch nicht üben. Es wäre mir wirklich wichtig, dass wir zusammen musizieren, und es verletzt und ärgert mich, dass sie sich weigert.«

»In der Liebe geht es nicht darum, deine Wünsche erfüllt zu bekommen. Im Gegenteil. Stets auf der Erfüllung deiner Wünsche bestehen, stets zufriedengestellt werden wollen, stets Erfüllung finden wollen steht der Liebe im Weg.«

THOMAS MERTON

»Gibt es etwas, das ihr ähnlich wichtig ist?« Eine lange Pause. »Keine Ahnung, wahrscheinlich schon. Ich habe sie nie danach gefragt.«
Was ist Steve wichtig? Wir wünschen uns oft ein anderes Verhalten unseres Partners oder unserer Partnerin, aber geht es in

einer Liebesbeziehung darum? Wie oft haben wir schon gedacht: »Wenn er/sie mich wirklich liebte, dann würde er/sie …«? Gibt es die Alternative, andersherum zu überlegen: »Wenn ich ihn/sie wirklich liebte, dann würde ich …«? Von der einen Einstellung zur anderen gelange ich nur, wenn ich meine egoistischen Wünsche beiseitelasse und mich den Bedürfnissen meiner Partnerin oder meines Partners zuwende.
Die meisten von uns haben keine Übung darin, die innere Einstellung derart zu wechseln. Auch das Wertesystem der westlichen Psychotherapie möchte uns eher vom Dienen oder vom Opfern eigener Bedürfnisse abbringen. Heutzutage geht es darum, die eigenen Bedürfnisse zu verwirklichen und sich selbst an die erste Stelle zu setzen.

> *»Ist einmal die Tatsache akzeptiert, dass auch zwischen aufs engste verbundenen Menschen ein unendlich großer Abstand besteht, kann daraus ein wunderbares Leben Seite an Seite erwachsen, wenn beide diesen Abstand zwischen sich lieben können, denn er erlaubt es, den jeweils anderen als Ganzes vor dem Hintergrund des Himmels zu sehen.«*
>
> RAINER MARIA RILKE

Für eine Partnerschaft kann ich mir keine schlechtere Grundeinstellung vorstellen. Zwei Menschen, die beide auf ihren Wünschen und Bedürfnissen beharren und nicht bereit sind, sich selbst als Ursache von Konflikten und Problemen anzusehen – wo bleibt da die Liebe zum anderen, und worin sehen die beiden die Bedeutung ihres Zusammenseins?
Eine solche Beziehung ist bestenfalls ein Tauschhandel, der die Liebe ersetzt. »Wenn du weiterhin dieses und jenes tust und

mich dadurch glücklich machst, dann bleibe ich weiterhin bei dir und tue dafür dieses und jenes.« Das mag funktionieren, wenn es darum geht, das Haus zu renovieren oder Heizöl zu kaufen, aber wenn es die Basis einer Partnerschaft darstellt, hat man letzten Endes auf Sand gebaut, denn früher oder später wird einer von beiden seinen Teil des Vertrages nicht mehr einhalten. Wenn es dann nicht ein festeres Fundament als den »Tauschhandel« und ein wichtigeres Ziel als »mein Glück, meine Zufriedenheit« gibt, ist das der Anfang vom Ende. Wir wissen, wie viele Ehen geschieden werden. Man trennt sich voller Groll, beklagt sich über einander, und beide verkünden großartige Einsichten über die Fehler und Versäumnisse der oder des jeweils anderen. Wir wähnen uns selbst im Recht, und an der Ursache unseres Leidens ändert sich nichts.

Gaikan: *In die falsche Richtung blicken*

So wie *naikan* »innere Betrachtung« bedeutet, meint *gaikan* »äußere Betrachtung«. Ich verwende *gaikan* als Ausdruck für eine falsch gerichtete Aufmerksamkeit – wenn wir nämlich andere beurteilen und versuchen, sie zu ändern. Wir betreiben *gaikan,* wenn wir unsere Eltern, unsere Partnerin oder unseren Geschäftskollegen bewerten und deren Verhalten kritisieren. Wir betreiben *gaikan,* wenn wir meinen, jemand solle sich bzw. sein Verhalten ändern. Wir betreiben *gaikan,* wenn wir anderen ihre Schwächen, Fehler und begrenzten Fähigkeiten vorwerfen. Je mehr wir *gaikan* üben, desto besser werden wir darin.

»Wenn man Menschen beurteilt, bleibt keine Zeit mehr, sie zu lieben.«

MUTTER TERESA

Der bedeutende Sufi-Dichter des dreizehnten Jahrhunderts, Rumi, beschreibt *gaikan* in einer seiner Geschichten recht treffend. Er erzählt von vier Indern, die eine Moschee betreten, sich niederknien und inbrünstig zu beten beginnen. Als ein Priester zu ihnen tritt, schaut einer von ihnen auf und spricht ihn an: »Oh, rufst du jetzt die Gläubigen zum Gebet? Ist es so weit?« Da neigt sich der zweite Inder zu ihm hinüber und flüstert: »Jetzt hast du die Schweigepflicht gebrochen. Deine Gebete sind ungültig!«

Der dritte sagt: »Onkel, schelte ihn nicht, du hast dasselbe getan. Mach es erst einmal besser.«

Und der vierte sprach: »Gott sei Dank habe ich nicht den Fehler dieser drei begangen.«

Alle vier Gebete wurden also unterbrochen, wobei die drei, die auf Fehler hinwiesen, selbst größere Fehler begingen als der erste, der gesprochen hatte. Gesegnet ist der, der auf seine eigenen Fehler sieht, und gesegnet ist der, der sich für die Fehler eines anderen verantwortlich fühlt.

Beim *gaikan* stößt man auf verschiedene Dilemmas. Erstens haben wir kaum Einfluss auf die Handlungen anderer. Zwar können wir die Fehler anderer wahrnehmen, aber unsere Ratschläge werden meist in den Wind geschlagen. Die eine sollte mit dem Rauchen aufhören, der andere an Gewicht abnehmen, eine Dritte sollte vorsichtiger Auto fahren. Ist es aller Erfahrung nach nicht so, dass es den Menschen ziemlich egal ist, was wir ihnen raten?

Wir machen in bester Absicht einen Vorschlag, und dann sind wir enttäuscht oder ärgerlich, wenn er nicht befolgt wird. Wir fühlen uns dann machtlos, und zwar zu Recht, denn das Verhalten anderer entzieht sich unserer Kontrolle. Wenn wir das Leben anderer in eine bessere Richtung lenken wollen statt unser eigenes, ernten wir regelmäßig Enttäuschung, Ärger und Groll.

Und wie reagieren wir darauf? In aller Regel treffen wir weiterhin unsere Urteile über andere und versuchen, sie zu ändern, jetzt mit mehr Nachdruck. Mit größerer Intensität und Beharrlichkeit werden wir es schon schaffen, werden die anderen sich unserem Willen schon beugen. Noch größerer Widerstand ist die Folge, wir setzen unsere Beziehung aufs Spiel, und was noch wichtiger ist: Unsere Selbstreflexion und unser Bemühen, unsere Aufmerksamkeit auf unser eigenes Tun zu richten, rücken in weite Ferne.

»Al-Anon«, eine Organisation für die Angehörigen von Alkoholikern, warnt ebenfalls davor, die Aufmerksamkeit in die falsche Richtung zu lenken. Sie vertritt den Standpunkt, dass das Trinken oder Nichttrinken anderer in keiner Weise kontrolliert oder beeinflusst werden kann – das Einzige, was es zu kontrollieren gibt, ist unser eigenes Handeln. Wenn der Alkoholiker aufhört zu trinken, ist das in der Tat ein Wunder, aber es hat mit uns nichts zu tun. Es ist sein Wunder. Es ist nicht unsere Sache (und war es nie!), auf ihn aufzupassen, uns um seine Nüchternheit zu sorgen, darauf zu achten, dass er nicht trinkt und regelmäßig zu den Treffen der Anonymen Alkoholiker geht. Es hat den Alltag zur Hölle gemacht, sein Verhalten zu regeln und ihn zu überwachen, als er noch trank, und wenn wir damit fortfahren, geraten wir erneut in Schwierigkeiten.

Selbst wenn wir es schafften, andere zu verändern – woher wollen wir wissen, was das Beste für jemanden ist? Wenn ich mir mein Leben ansehe, dann entdecke ich eine Menge Fehler, die meiner Erinnerung als Wegzeichen dienen. Ich habe oft eine schlechte Wahl getroffen, habe es anderen und mir schwergemacht. Mit solch einem mittelmäßigen Zeugnis habe ich keinerlei Kompetenz zu beurteilen, was andere tun sollten. Mir mag es so vorkommen, als ob die Probleme anderer ganz einfach zu lösen seien, aber dennoch bleibt mir ihre tatsächliche Erfahrungswelt verborgen. Wenn ich ehrlich bin, muss ich immer damit rechnen, dass meine Einschätzung falsch ist und war.

Sich selbst durch die Augen des anderen sehen

Stellen Sie sich vor, Sie wären Ihre Partnerin, die es jeden Tag mit Ihnen zu tun hat. Was sieht sie morgens als Erstes, wenn sie Sie erblickt? Welche Ihrer Angewohnheiten stört sie am meisten? Wie geht es ihr, wenn Sie beim Frühstück die Zeitung lesen, während sie mit Ihnen spricht? Wie viel Zeit hat sie im letzten Monat mit Warten verbracht, weil Sie spät dran waren? Wie oft hat sie Ihre Kritik zu hören bekommen? Wie viele Stunden hat sie Ihnen schon zugehört, die Sie mit Klagen über Ihre Arbeit, Ihre Eltern oder Ihre Gesundheit zubrachten? Wie gut können Sie sich in ihre Lage versetzen, ihren Frust und ihre Sorgen nachempfinden, wie gut können Sie sich durch ihre Augen wahrnehmen?
Meistens bewerten wir das Geschehen nur aus unserem Blickwinkel. Regnet es, während ich Golf spielen möchte, reagiere

ich ärgerlich; der Landwirt hingegen freut sich über das Wasser für seine Felder. Wenn ich kurzzeitig meinen Blickwinkel verändere, kann ich einen Blick auf das Leben aus einer anderen Perspektive heraus erhaschen, vielleicht sogar auf mich selbst. Naikan verschafft mir die Möglichkeit, meinen Partner und mich selbst sehr viel genauer und realistischer zu sehen.

Ein Naikan-Beispiel: Ein Mann prüft sich gegenüber seiner Frau

Was ich von ihr bekommen habe

1. Sie ist mit mir nach Los Angeles gefahren, um meine Eltern zu besuchen.
2. Zu meinem Geburtstag hat sie mir ein Buch und einen Regenschirm geschenkt und ein leckeres Pastagericht für mich zubereitet.
3. Als ich von einer Geschäftsreise zurückkam, hat sie mich vom Bahnhof abgeholt.
4. Weil ich müde war, ist sie mehr als die halbe Strecke nach Los Angeles gefahren.
5. Sie half mir, meinen Wagen zu waschen und zu wachsen.
6. Sie hält sich fit und ernährt sich gesund – dadurch bleibt sie eine attraktive, kräftige und gesunde Partnerin.
7. Sie hat mindestens zwanzigmal meine Kleidung in die Waschmaschine und den Trockner gesteckt und anschließend in den Schrank geräumt.
8. Sie hat mindestens fünfundzwanzigmal mit mir geschlafen.

9. Sie hat dabei jedes Mal die Verantwortung für die Verhütung übernommen.
10. Sie regelt viele unserer finanziellen Angelegenheiten.
11. Eines Abends, als wir uns nicht gemeinsam für einen Film entscheiden konnten, hat sie meinem Wunsch nachgegeben.
12. Sie hat meinem Vater einen netten Brief geschrieben.
13. Sie nahm Telefonate für mich entgegen, als ich auf Geschäftsreise war.
14. Als ich mich einmal sehr beeilen musste, um zur Arbeit zu kommen, hat sie mein Hemd gebügelt.
15. Sie hat dafür gesorgt, dass wir unseren Freunden in Übersee ein Hochzeitsgeschenk schickten.
16. Sie macht fast jeden Morgen das Bett.
17. Sie hat das Haus gründlich geputzt, als ich einen Geschäftspartner eingeladen hatte.
18. Sie hat die Katze zur Sterilisation in die Tierklinik gebracht.
19. Als ich Kopfschmerzen hatte, brachte sie mir ein Aspirin und massierte mir die Schultern.
20. Sie half mir, für die Geschäftsreise zu packen, und als ich heimkehrte, hängte sie meinen Mantel auf und packte meine Sachen aus.

Was ich ihr gegeben habe

1. Ich habe ihr einen neuen Regenmantel und eine Stoppuhr für das Joggen gekauft.
2. Als sie mich vom Bahnhof abholte, habe ich ihr eine Rose geschenkt.
3. Von der Reise habe ich ihr eine Schachtel Plätzchen mitgebracht.
4. Ich habe eine ihrer Freundinnen im Krankenhaus besucht.

5. Ich ließ Abzüge von einigen Fotos machen, die ihr gefielen.
6. Ich habe fünfmal ihre Kleidung gewaschen und einige ihrer Sachen in die Reinigung gebracht.
7. Ich habe einige wichtige Unterlagen für sie verschickt.
8. Ich habe ihr zweimal den Rücken massiert.

Probleme und Schwierigkeiten, die ich ihr bereitet habe

1. Eine ihrer Blusen habe ich falsch gewaschen, und sie ist ausgeblichen.
2. Ich habe ärgerlich auf sie reagiert, als wir uns verfuhren.
3. Um mich nach Los Angeles begleiten zu können, musste sie einige Male bis spät in die Nacht arbeiten, um vorher ein Projekt abzuschließen.
4. Ich habe mich abfällig über ein Buch geäußert, das sie las, und das hat sie verärgert.
5. Durch meine Schuld kam sie eines Morgens zu spät zur Arbeit.
6. Als sie versuchte, sich auf gesunde Ernährung umzustellen, habe ich ihr mit den Plätzchen, die ich ihr schenkte, Probleme bereitet.
7. Ich habe einige Male Kritik daran geäußert, wie sie mit einem Problem auf ihrer Arbeitsstelle umging.
8. Ich habe sie geweckt, als ich sie während meiner Geschäftsreise nachts anrief.
9. Ich habe sie bei der Arbeit durch sechsmaliges Anrufen gestört.
10. Ich war ärgerlich auf sie, weil sie einmal zu spät zum Essen kam, und erklärte die Speisen für ruiniert, obwohl sie das nicht waren.
11. Mein Zug hatte sich verspätet, daher musste sie fünfundzwanzig Minuten länger auf mich warten.

12. Bei einer Konferenz habe ich mit einer anderen Frau geflirtet, was sie sehr aufgebracht hätte. Ich habe sie getäuscht, weil ich ihr nichts davon erzählt habe.
13. Eines Nachts aß ich einen Rest Lasagne, den sie für den nächsten Tag als Imbiss für sich vorgesehen hatte.
14. Ich habe die falschen Zutaten für ein Feiertagsessen gekauft, und sie musste deswegen extra noch einmal zum Laden fahren.
15. Ich nahm den Bibliotheksausweis aus ihrer Handtasche, um ein Buch auszuleihen, und habe ihn nicht wieder zurückgetan. Als sie ihn dann in der Bibliothek brauchte und nicht fand, dachte sie, sie habe ihn verloren.

Folgenden Brief erhielt ich kurz nach einem Naikan-Workshop, den ich im Rahmen eines Trainingsprogramms für die Angestellten einer Firma durchführte:

> *Dies ist ein Dankesbrief, nicht nur von mir, sondern auch von meiner Frau. Sie weiß noch nicht, dass sie Ihnen dankbar ist, aber in wenigen Tagen wird sie es wissen. Wir sind jetzt achtzehn Jahre verheiratet (glücklich, darf ich hinzufügen), und die größten Auseinandersetzungen, die wir haben, drehen sich um Missverständnisse bezüglich ihrer Verdienste und ihrer Anerkennung.*
> *Als Mutter von fünf Kindern und »Nur-Hausfrau« kümmert sie sich um den Großteil der Hausarbeit. Dafür habe ich ihr nie oder höchst selten einmal gedankt. Ich fand immer, diese Dinge seien »ihr Job«, ich habe meinen. Schließlich hat sie mir ja auch nie für das Geld gedankt, das ich nach Hause bringe. Ich hatte mir bis heute nicht klargemacht, dass ich innerhalb der Firma Dank für meine Arbeit erhielt, sie hingegen nie.*

Ab dem heutigen Tag werde ich eine fortlaufende Liste über die Dinge führen, die sie für mich tut, und wenn eine Seite voll ist, dann werde ich sie ihr geben. Ich nehme an, dass das jeden zweiten Tag der Fall sein wird.
Danke, dass Sie mir geholfen haben, dies zu erkennen. Ich habe zwar alles bemerkt, was sie für mich getan hat, habe es ihr aber nie gesagt. Sehen Sie, ich habe bereits damit begonnen. Früher hätte ich niemals so einen Brief geschrieben.

M.R.

PS: Ich habe nur die letzten sechsunddreißig Stunden betrachtet, und die erste Seite ist bereits voll.

Achten auf das, was nicht da ist

Die ersten Kolibris kommen immer im Mai, und das ist jeweils ein besonderer Tag für mich. Sie entdecken den Futterbehälter wieder, der im Wind an der Markise baumelt, und umschwirren ihn von allen Seiten. Ich freue mich auch über die Spitzen der roten und gelben Tulpen, die genau vor dem Fenster meines Arbeitszimmers aus der Erde brechen.

»Die Dichter sollten nicht sagen, dass Liebe blind macht. Wenn man die Augenbinde abnimmt, kann man mit den Augen der Liebe sehen.«

BLAISE PASCAL

Der Distelfink versucht sich zwischen den Blüten der Forsythie zu verstecken; er verbirgt sich, aber er ist da. Weiter hinten im Garten überprüfe ich die neuen Setzlinge von Spinat und Endivien, sie sind klein, doch es geht ihnen gut. Aber dort ist eine leere Stelle, Eisbergsalat sollte dort wachsen. Was ist passiert? Wie kommt es, dass der Salat nicht wächst? Meine Freude ist plötzlich wie weggeblasen, und meine Zufriedenheit springt um in Enttäuschung. Ich achte nicht mehr auf das, was ist, sondern auf das, was nicht ist. Davon gibt es noch mehr: Die Wildblumen sind noch nicht gekeimt, die Lupinen ebenfalls nicht. Der Ahorn gibt schon seit Mitte April keinen Saft mehr, das bedeutet, kein frischer Ahornsirup bis zum nächsten Jahr. Seit Tagen habe ich kein Wild mehr gesehen und auch keine Birkhühner, die mir bei meinen winterlichen Gartenrundgängen stets hinterhergetrippelt sind.
Es ist bemerkenswert, wie etwas, das nicht vorhanden ist, unsere Sicht auf das, was da ist, blockieren kann. Meine Aufmerksamkeit war bei »kein Wild«, dabei habe ich vielleicht einen weiteren Kolibri übersehen, der herangeflogen kam. Als ich über »kein Salat« nachgrübelte, habe ich vielleicht den Duft des Fliederbusches verpasst. Und wenn ich ständig darüber nachdenke, was meine Partnerin mir nicht gibt, verirre ich mich im Nebel dessen, was nicht ist, und der Nebel wird dichter und dichter. Schließlich sehe ich nur noch, was nicht zu sehen ist.

Eine Geschichte: Geben, Nehmen und Begehren

Es war einmal vor langer Zeit, da fanden ein Mann und eine Frau in großer Liebe zueinander. Sie gingen so liebevoll und einfühlsam miteinander um, dass ihre Liebe von Tag zu Tag wuchs. Der Mann entschloss sich, seiner Frau am Vorabend eines jeden Vollmonds ein besonderes Geschenk zu machen. Als es zum ersten Mal so weit war, schenkte er ihr einen wunderschönen Wollschal für die kalten Winternächte. Sie war sehr gerührt und dankbar, und erneut wuchs ihre Liebe füreinander.

Der Mann besaß einen ungewöhnlichen Ring mit einem herrlich schimmernden Rubin, den er am rechten Zeigefinger trug. Die Frau hatte den Ring schon immer bewundert.

»Seit wir verheiratet sind, praktizieren wir jedes Jahr Naikan. Beim ersten Mal berichtete ich dem Leiter, dass ich Steven keinerlei Probleme bereitet hätte, er mir dafür umso mehr. Ich konnte mich genau daran erinnern, wie sehr er mich verletzt hatte. Diese Verletzungen und die Wut darüber schleppte ich schon lange mit mir herum. Natürlich nahm mir der Leiter nicht ab, dass ich selbst Steven niemals verletzt hätte, und er sagte, ich solle mich noch einmal prüfen. Das tat ich, und ich war entsetzt darüber, was mir dazu plötzlich alles einfiel. Da war es, es starrte mich förmlich an – die ganzen Situationen, in denen ich Steven verletzt hatte. Ich war nicht so unschuldig, wie ich geglaubt hatte. In Wirklichkeit war ich die Ursache einer Menge Probleme und Schwierigkeiten. Es war sehr schwer, das zuzugeben, sich

dem zu stellen. Wir begannen im Juli 1990 damit, Naikan für unsere Beziehung zu nutzen, und ich bemerkte schon bald drastische Veränderungen in unserer Ehe und in unserem weiteren Leben. Steven und ich sind einfühlsamer, akzeptierender, liebevoller, überhaupt glücklicher. Natürlich streiten wir uns auch, aber unsere Auseinandersetzungen sind nicht mehr so heftig wie früher. Wir ermahnen uns, den anderen nicht zu verletzen ... Ich muss sagen, es ist das Beste, was wir für unsere Ehe tun konnten.«

SHARON STEVENS

Am Vorabend des nächsten Vollmondes schenkte der Mann ihr einen antiken Spiegel, damit sie ihre Schönheit betrachten konnte. Er hatte es stets bedauert, dass sie sich nicht durch seine Augen sehen konnte. Sie freute sich wiederum sehr, und dieses Mal machte auch sie ihm ein Geschenk: eine antike Schreibfeder für seine Gedichte und Briefe. Das Geschenk gefiel ihm sehr, und erneut nahm ihre Liebe füreinander zu.
Im Laufe der Zeit begann sie sich mehr und mehr für seinen Ring zu interessieren und fragte sich, ob sie ihn eines Tages bekommen werde. Er wiederum überlegte gelegentlich, ihn zu verschenken, zögerte aber jedes Mal. Der Ring war äußerst wertvoll, sollte er ihn tatsächlich verschenken? Was wäre, wenn er ihr den Ring gäbe und später herausfände, dass sie sein Vertrauen missbraucht und er sich in ihr getäuscht hätte? Also ging er und kaufte einen anderen Ring für sie, ein kostbares Stück, aus Gold und Silber gefertigt, allerdings nicht mit dem Rubinring zu vergleichen, den er trug – der war unvergleichlich.
Als sie die Schmuckschatulle sah, war sie ganz aufgeregt. Als sie diese jedoch öffnete und nicht fand, was sie erwartet hatte, war sie enttäuscht. Warum schenkte er ihr stattdessen diesen

Ring? Vielleicht liebte er sie doch nicht wirklich. Vielleicht machte er sich gar nicht so viel aus ihr. In den darauffolgenden Tagen wuchs ihr Groll auf ihn. Er musste doch wissen, was sie sich wünschte, weshalb war er dann so grausam? Zum ersten Mal entstanden Spannungen zwischen ihnen, und ihre Liebe wurde auf die Probe gestellt.

Auch beim nächsten Mal machte er ihr wieder ein wunderbares Geschenk, aber diesmal war sie sichtlich verärgert; sie beschuldigte ihn, er würde sie nicht wirklich lieben, und warf ihm vor, dass er ihr den Rubinring vorenthielt. Seine eigenen Zweifel, ihr den Ring zu schenken, waren inzwischen durch einige Vorfälle bestärkt worden, und jetzt zögerte er mehr denn je, sich von ihm zu trennen. Mit der gegenseitigen Zuneigung und Einfühlung war es nun vorbei, an ihre Stelle traten Misstrauen und Verärgerung.

In den folgenden Monaten wollte er seinen Egoismus wiedergutmachen und schenkte ihr die wundervollsten Dinge, die er finden konnte. Aber irgendwann war ein Punkt erreicht, an dem sie sich jedes Mal nur noch an das erinnert fühlte, was sie vergeblich begehrte, also vermochte sie die anderen Geschenke nicht mehr zu schätzen, und manche warf sie einfach fort. Eines Tages schien ihrer beider Liebe vollends gestorben zu sein, übrig blieben nur Groll, Misstrauen und Enttäuschung. Keiner konnte im anderen mehr den Menschen sehen, in den er sich einst verliebt hatte.

Diese Geschichte handelt von Geben und Nehmen. Vielleicht können Sie die Geschichte zu Ende schreiben. Wie geht sie vermutlich aus? Sehen Sie eine Möglichkeit, wie die beiden wieder zueinander finden können? Könnte man ihre Gefühle füreinander zu neuem Leben erwecken, oder ist es zu spät? Wenn das Paar zu Ihnen zur Beratung käme, was würden Sie den beiden vorschlagen?

Beziehungen als Übungsweg

Henry David Thoreau (Autor des Buches *Walden*, ein Erfahrungsbericht über das Einsiedlerleben in den Wäldern Amerikas) wusste, wie man allein lebt, wirklich allein. Einige wenige von uns gründen vielleicht einen Single-Haushalt in unerforschter Wildnis, aber die allermeisten werden einen Lebenspartner oder eine Lebenspartnerin wählen – oder werden dazu erwählt. Diese Wahl kann vorübergehend sein ... Nein, sie ist immer vorübergehend. Die Beziehung zu einem Partner ist die Hohe Schule der persönlichen Entwicklung. Sie liefert uns die schärfsten Waffen, die größten Belastungen und die meisten Themen. Sie fordert uns bis zum Äußersten und treibt uns über unsere Grenzen hinaus. Ihr Pendel schwingt von Ekstase und Freude bis zu tiefster Trauer und größtem Schmerz.

> *»Eine Beziehung ist ein großes Geschenk, nicht etwa, weil sie uns glücklich macht – oft genug tut sie das nicht –, sondern weil jede innige Beziehung, wenn wir sie als unsere Übung ansehen, der beste Spiegel ist, den wir finden können.«*
>
> CHARLOTTE JOKO BECK

Hier ist eine Art Lehrplan. Studieren Sie ihn sorgfältig, damit Sie wissen, was auf Sie zukommt, wenn Sie sich einschreiben.

Unterrichtsmethode: Aufmerksam sein

Einschreibung: Wenn Sie mit jemandem zusammenleben, sind Sie bereits eingeschrieben.

Unterrichtsfach: Die tatsächlichen Ereignisse in ihrer Beziehung: Sex, Romantik, Untreue, familiäre Probleme, Auseinandersetzungen, Feiertage, Urlaub, Glaubensfragen und vieles mehr.

Abschluss: Es werden laufend neue Kurse angeboten, und Sie erfüllen vermutlich nie sämtliche Voraussetzungen für einen Abschluss.

Vorausgesetzte Lektüre: Schreiben Sie Ihren eigenen Text.

Die Kurse

Kurs Nr. 101: Aufmerksamkeit

Dies ist der Grundkurs. Wenn Sie durchfallen, müssen Sie ihn wiederholen, und wenn Sie ihn bestehen, sollten Sie ihn zur Auffrischung ebenfalls wiederholen. Es werden fortlaufend Tests und Prüfungen durchgeführt; die Frage ist stets dieselbe: Wo ist Ihre Aufmerksamkeit? Das Thema dieses Kurses ist das Umlenken Ihrer Aufmerksamkeit von Ihren Bedürfnissen auf die Ihres Partners oder Ihrer Partnerin.

Sie lernen, auf alles zu achten, was Sie von Ihrem Partner bekommen, insbesondere auf die »Kleinigkeiten«. (Hinweis: Es gibt keine Kleinigkeiten.) Sie lernen, sich zu bedanken, wenn Sie etwas erhalten. Sie lernen den Zusammenhang kennen zwischen Aufmerksamkeit und der Fähigkeit, ein fürsorglicher, liebevoller Partner zu sein. Wenn Ihre Aufmerksamkeit gewachsen ist, ist es Zeit für die letzte Prüfung: das, was Sie empfangen haben, mit dem zu vergleichen, was Sie gegeben haben. Eine Note geben Sie sich selbst. Dieser Kurs ist die Vorausset-

zung für alle weiteren. Ohne ihn zu absolvieren, können Sie in den anderen Kursen nur wenig lernen.
Hausaufgabe: Finden Sie heraus, was Sie übersehen haben.

Bitte erinnere mich

Bitte erinnere mich daran, warum ich hier bin,
wenn ich woanders bin.

Meldet sich Ärger
über schmutziges Geschirr,
nicht eingelöste Versprechen
und unbezahlte Rechnungen,

dann besänftige mein Herz
und erinnere mich daran, warum ich hier bin.

Wenn Ärger und Enttäuschung sich melden,
weil dasselbe leidige Thema
zum hundertsten Mal aufkommt,

halte bitte meine Worte im Zaum,
hilf mir durchzuatmen
und erinnere mich daran, warum ich hier bin.

Wenn ich wieder einmal
nur auf mich selbst achte –
auf meine Bedürfnisse,
meine Wünsche,
meinen Vorteil,
meinen Schmerz –,

dann gib mir einen Schubs
und lass mich das Herz der anderen sehen
und spüren, was sie wünschen,

und ihnen helfen, ihre Last zu tragen,
und in dem aufzugehen,
weshalb ich hier bin.

Ich weiß doch, warum, und doch
bin ich oft woanders,
vergesse ich es,
deshalb erinnere mich bitte.

GREGG KRECH
(für Mary Claire Dehaven und
Jim Scheid, zu ihrem Hochzeitstag)

Kurs Nr. 300: Demut und Missachtung

Dies ist einer der anspruchsvollsten Kurse. Sie konzentrieren sich darauf, welche Probleme und Unannehmlichkeiten Sie Ihrer Partnerin bereitet haben. Sie rufen sich ins Gedächtnis, wann Sie selbstsüchtig, streitlustig, unbesonnen oder gefühllos waren oder Ihre Partnerin getäuscht haben. Sie überlegen, wann Sie ihre Partnerin verbal angegriffen haben, wann Sie gelogen oder die Wahrheit verschwiegen haben (gibt es hier einen Unterschied?). Sie suchen sich jemanden (so ziemlich jeder ist mit diesem Kursinhalt vertraut) und berichten, was Sie herausgefunden haben. Sie lassen Ihre Angst zu, Ihre Traurigkeit und Ihre Schuldgefühle (viele gute, gesunde Schuldgefühle). Ego und Selbstbild sind verwundet; das Ego wird überleben, das Selbstbild sich zumindest vorübergehend ändern. In

diesem Kurs lernen Sie etwas über Demut, über Tatsachen und über den Zusammenhang zwischen beiden. Es werden Ihnen die tatsächlichen Konsequenzen Ihres Verhaltens für Ihre Partnerin bewusst, und vielleicht finden Sie Wege, die Probleme, die Sie bereitet haben, zu korrigieren. Sie haben den Kurs bestanden, wenn Sie sich ernsthaft fragen, weshalb Ihre Partnerin nach all den Problemen, die Sie ihr zugemutet haben, und dem, was sie erdulden musste, noch bei Ihnen ist.
Hausaufgabe: Entschuldigungsbriefe.

Kurs Nr. 200 Dankbarkeit
Sie lernen verschiedene Wege kennen, sich zu bedanken. Sie bedanken sich mit Briefen und kleinen Geschenken. Sie versuchen, nichts als selbstverständlich zu betrachten (was häufig nicht gelingen wird). Sie üben sich darin, Wertschätzung auszudrücken für das, was Sie bekommen. Sie machen Ihrem Partner Geschenke. Sie untersuchen sorgfältig, was geschieht, wenn Sie liebevolle Zuwendung und sexuelles Interesse zeigen, ohne etwas zu erwarten – wenn Sie also nur geben möchten. (Beobachten Sie, ob es Ihnen möglich ist, nur zu geben, ohne etwas zu bekommen.) Sie lernen, Dank auszusprechen, selbst wenn Sie keine Dankbarkeit empfinden. Sie machen mehrere Ausflüge zu Läden mit Grußpostkarten. Dieser Kurs macht Spaß. Wiederholen Sie ihn, sooft Sie mögen.
Hausaufgabe: Dankesbriefe.

Kurs Nr. 201: Was zu ändern ist (Teil 1)
Dieser Kurs hilft Ihnen, herauszufinden, inwieweit Sie sich verändern können. Die Aufgabe klingt ganz einfach: Arbeiten Sie an sich selbst. Es geht nicht darum, Ihre Partnerin zu ändern, das ist deren Sache. Dies ist die Gelegenheit, einmal nicht den anderen zu kritisieren oder sich über ihn zu beklagen. Der

Kurs scheint leicht zu sein, wird aber schnell zur Herausforderung, denn allzu schnell fallen Ihnen jene Eigenschaften auf, die Ihnen bei Ihrer Partnerin missfallen: Rauchen, Ernährungsgewohnheiten, Bewegungsmangel, Verhalten gegenüber Ihren Eltern, Geldausgeben, Flirten und so weiter. Alle Prüfungen für diesen Kurs führt Ihre Partnerin durch. Wenn sie diesen Kursus noch nicht mitgemacht hat, wird sie ständig versuchen, Ihnen bei Ihrer Arbeit zu helfen. Sie erhalten Extrapunkte, wenn Sie das dankbar anerkennen, statt in die Defensive zu gehen. Sollten Sie mit Ihrer Arbeit an sich selbst vorankommen und schließlich glauben, Sie seien ein besserer Mensch als Ihre Partnerin, werden Sie unter »Ego-Arrest« gestellt und zu einem Notfall-Demut-Programm abkommandiert. Dort müssen Sie vor allen anderen auf einer Tafel die dümmsten und schändlichsten Dinge aufschreiben, die Sie je getan haben, und es gibt keinen Schwamm zum Tafelwischen.

Kurs Nr. 202: Was zu ändern ist (Teil 2)
Ihre Aufgabe in diesem Kurs ist es, Ihren Partner zu ändern und zu einem besseren Menschen zu erziehen. Voraussetzung für diesen Kurs ist der Abschluss aller bisherigen Kurse mit Höchstpunktzahl bei vollständiger Erledigung aller Aufgaben.

Kurs Nr. 301: Unangenehme Gefühle und Stimmungen
In diesem Kurs lernen Sie, unangenehme Gefühle zu akzeptieren und mit ihnen umzugehen – mit Gefühlen wie Ärger, Frustration, Niedergeschlagenheit, Angst, Trauer und Neid, und zwar ohne Ihre Partnerin zu beschuldigen und sie als die Ursache dafür anzusehen. Wenn Sie überlegen, ob Sie derartige Gefühle ausdrücken sollen, dann lernen Sie, welche Probleme auf der anderen Seite für Ihre Partnerin dabei herauskommen. Sie

erwerben die Fähigkeiten, liebevoll zu handeln, sorgsam und geduldig zu sein, selbst wenn Ihre Gefühle ganz anders aussehen.

Kurs Nr. 501: Aufmerksamkeit

Dies ist der Aufmerksamkeitskurs für Fortgeschrittene. Achten Sie darauf, auf welche Art und Weise sogar die Geschenke, die Sie machen, anderen Menschen Probleme bereiten. Stellen Sie fest, warum Ihre Hilfe auch negative Folgen haben kann. Finden Sie heraus, warum die Probleme, die andere Ihnen bereiten, Geschenke sind.

Kurs Nr. 302: Akzeptieren

In diesem Kurs lernen Sie, Ihren Partner insgesamt zu akzeptieren. Der Kurs treibt Ihnen die Idee aus, Sie könnten sich bei Ihrem Partner das heraussuchen und lieben, was Ihnen gefällt, und ablehnen, was Ihnen an Gewohnheiten, an der Erscheinung oder in der Familie Ihres Partners nicht passt. Ihr Partner (oder zukünftiger Partner) ist nur als Komplettpaket erhältlich – nehmen Sie ihn, oder lassen Sie es. (Achtung, wenn Sie dazwischen hin- und herschwanken, wird es chaotisch.) Wenn Sie denken, Sie könnten später Teile der Ausstattung auswechseln, wird Ihnen bei jeder Berührung mit dem Schraubenzieher ein Elektroschock verpasst.

> *»Es ist immer hilfreich, wenn sich jeder Partner fragt, was der beste Weg wäre, um das Leben des anderen lebendiger zu machen.«*
>
> SEIKAN HASEGAWA ROSHI

Ich habe Ihnen nur eine kleine Auswahl an Kursen vorgestellt, es gibt noch viele andere. Oft werden Sie erst anhand einer anstehenden Prüfung merken, in welchem Kurs Sie sich gerade befinden. Sie können das Kursprogramm jederzeit verlassen, indem Sie die Beziehung beenden. Das wiederum ist ein anderer Kurs und einer der schwierigsten. Darin taucht vielleicht das entmutigende Gefühl auf, nie wieder einen anderen Partner zu finden. Mit der Zeit finden die meisten von uns wieder jemand Neues, und in der Zwischenzeit, also zwischen den Kursen, können wir immer noch eine Menge lernen.

Wer macht die Wäsche?

Die Selbstreflexion ist ein fortlaufender Prozess, und unsere engen Beziehungen bieten dafür einen fruchtbaren Boden. Wir gewinnen sowohl einen tieferen Einblick in das Wesen unserer Beziehungen als auch in unser eigenes. Auf welche Weise verändert uns dieses Bewusstsein, und wie kann es eine Beziehung verändern? Können Sie diese Frage beantworten?
Ein Ehepaar hatte Beziehungsprobleme, und sie nahmen gemeinsam an einer Naikan-Woche teil. Später besuchten sie den Leiter im Naikan-Zentrum zum Tee.

DAS PAAR: Vor dem Naikan stritten wir immer darum, wer die Wäsche machen soll.
LEITER: Und jetzt?
DAS PAAR: Jetzt streiten wir uns darum, wer sie machen darf.
LEITER: Ich freue mich, dass es vorangeht.

Zwei Welten

Die folgende Aufstellung zeigt den Unterschied zwischen der Aufmerksamkeit für das eigene Ich und der liebevollen Zuwendung für den anderen. Es handelt sich um zwei völlig verschiedene Welten. Wie kann ich meinen Partner oder meine Partnerin lieben, wenn ich in ichbezogener Aufmerksamkeit gefangen bin? Wenn ich meine Partnerschaft aus einer ichbezogenen Perspektive betrachte, dann ist es mein Hauptanliegen, meine egoistischen Bedürfnisse zu befriedigen. Nichts könnte weiter von Liebe entfernt sein.

Es ist eine Wunschvorstellung, dem anderen nur mit liebevoller Zuwendung zu begegnen. In den Augenblicken, wenn zwei Partner dies einmal schaffen, erscheint die Beziehung als »zu schön, um wahr zu sein«. Ich muss zugeben, dass ich die meiste Zeit meines Lebens in der ichbezogenen Spalte zugebracht habe. Wenn ich ehrlich bin, dann bin ich mir bewusst, wie oft meine Bequemlichkeit und meine Selbstsucht meinen Wunsch übertrumpfen, ein liebevoller Ehemann zu sein. Die rechte Spalte dient mir als Gedächtnisstütze, wo meine Aufmerksamkeit sein sollte – Ermahnungen, die ich dringend brauche. Glücklicherweise finde ich in meiner Frau, meinen Freundinnen und Freunden, meinen Lehrerinnen und Lehrern genug lebendige Vorbilder, die mich auf den Ort verweisen, an den ich meine Aufmerksamkeit lenken sollte, und ich bin sehr dankbar dafür, sie um mich zu haben. Ohne sie würde ich mich in meiner Selbstbezogenheit einrichten und dabei die Illusion hegen, ganz woanders zu leben.

Ichbezogene Aufmerksamkeit	Liebevolle Zuwendung
Inwiefern sollte mein Partner liebevoller sein?	Wie kann ich liebevoller sein?
Was bekomme ich nicht von meiner Partnerin?	Was bekomme ich von meinem Partner?
Dinge für selbstverständlich nehmen	Sich bedanken
Welche Probleme bereitet mir mein Partner?	Welche Probleme bereite ich meiner Partnerin?
Meiner Partnerin verzeihen	Um Verzeihung bitten
Wie mein Partner sich ändern sollte	Wie ich mich verändern sollte
Meiner Partnerin an unseren Problemen und Schwierigkeiten die Schuld geben	Meine Verantwortung für unsere Probleme und Schwierigkeiten erkennen
Über die Ziele meines Partners entscheiden wollen	Die Ziele meiner Partnerin unterstützen
Die Fehler und Unzulänglichkeiten meiner Partnerin erkennen	Meine Fehler und Unzulänglichkeiten erkennen
Mein Recht fordern	Alles Gegebene als Geschenk ansehen
Ich gebe so viel und bekomme so wenig!	Ich gebe so wenig und erhalte so viel!
Was kann mein Partner für mich tun?	Was kann ich für meine Partnerin tun?
Wenn er/sie mich wirklich liebte, dann …	Wenn ich ihn/sie wirklich liebte, dann …
Unsere Beziehung als Weg, mich glücklich zu machen	Unsere Beziehung als Weg, um zu üben und zu lernen
Meine Partnerin sollte Naikan üben.	Ich sollte Naikan üben.

Die Naikan-Praxis

Die Einsichten, die wir durch die Selbstreflexion gewonnen haben, drohen wieder zu versickern, wenn wir sie nicht durch die Praxis vertiefen. In den ersten Kapiteln dieses Buches habe ich Ihnen bereits eine Reihe von Übungen mit den drei Fragen vorgestellt, die das Herzstück von Naikan bilden:

- Was habe ich von ... bekommen?
- Was habe ich ... gegeben?
- Welche Probleme und Schwierigkeiten habe ich ... bereitet?

Wiederum fehlt die Frage, welche Probleme andere mir bereitet haben. Wir besitzen bereits großes Geschick im Umgang mit dieser Frage, und das Handeln anderer unterliegt ohnehin nicht unserem Einfluss. Hier brauchen wir also keine weitere Übung, und Naikan bietet uns auch keine an. Wenn wir uns Augenblick für Augenblick bewusst sind, was wir von anderen erhalten und welche Probleme wir ihnen bereiten, entwickeln wir ein neues Bild von uns selbst und eine neue Art der Aufmerksamkeit.

»Man muss nur sein Bestreben von der Suche nach Lösungen für äußere Fragen abwenden und auf die einzig richtige innere Frage richten, wie wir dieses Leben leben sollten, und

alle äußeren Fragen werden sich in der bestmöglichen Form von selbst lösen.«

LEO TOLSTOI

In diesem Kapitel vertiefen wir die Kenntnisse über die Naikan-Praxis; dazu gehören das Naikan-Retreat, die tägliche Prüfung, einfache Übungen sowie Vorschläge für Naikan zu besonderen Feiertagen und anderen Anlässen.

Das Naikan-Retreat

Stellen Sie sich vor, Sie verbringen eine Woche in einem ruhig gelegenen Seminarhaus. Es wird für alles gesorgt: Ihre Mahlzeiten werden Ihnen aufs Zimmer oder an Ihren Sitzplatz im Seminarraum gebracht, Ihr Geschirr wird gespült, Sie werden morgens geweckt, und ein Gong teilt Ihnen abends die Bettzeit mit. Es sind keine Telefonate zu erledigen, es befinden sich keine Rechnungen im Briefkasten, man spricht nur leise und plaudert nicht. Einfach nur Ruhe, ein Sitzplatz und ein Wandschirm, auf den Sie schauen und auf dem sich Ihre Lebensgeschichte entfaltet. Hierfür gibt es ein Drehbuch, aber nicht die überarbeitete Ausgabe, die Sie im Gepäck haben, sondern die Fassung, die von den Tatsachen geschrieben wurde – darin steht, was wirklich passiert ist. Sie haben Tag für Tag nichts weiter zu tun, als sich diesen Film anzusehen. Was, glauben Sie, werden Sie über sich erfahren? Und wenn Sie am Ende der Woche nach Hause zurückkehren, erfüllt von einem erweiterten Wissen darüber, wie Sie gelebt haben, wie werden Sie Ihr Leben dann weiterführen?

Wie verläuft nun ein Naikan-Retreat? Die Teilnehmerinnen und Teilnehmer beginnen damit, sich ihrer Mutter gegenüber zu prüfen, angefangen von der Geburt bis zu ihrem sechsten Lebensjahr. Danach setzt sich die Prüfung in Drei-Jahres-Abschnitten, auch Perioden genannt, fort (das Alter von sechs bis acht, von neun bis elf und so weiter). Auf diese Weise wird das ganze Leben, das man mit der Mutter verbracht hat, Abschnitt für Abschnitt geprüft. Danach beginnt die gleiche Prüfung gegenüber Vater, Geschwistern, Partner oder Partnerin, Kindern, Lehrerinnen, Freunden und Arbeitskolleginnen. Während der Woche ist die Prüfung allen Menschen gegenüber möglich, mit denen es in der Vergangenheit zu Konflikten kam. Nach jedem Abschnitt, zu dem man sich geprüft hat, kommt der Naikan-Leiter zu den einzelnen Teilnehmenden und lässt sich kurz von der Prüfung berichten. Dies geschieht etwa alle anderthalb bis zwei Stunden. Die Aufgabe des Leiters besteht in aufmerksamem Zuhören und der Empfehlung oder Frage nach der nächsten Zeitperiode, die sich der Teilnehmer oder die Teilnehmerin vornimmt. Ein Gespräch im üblichen Sinne findet nicht statt, da Naikan Selbstreflexion bedeutet und alles, was es zu lernen und zu erfahren gibt, sich während der inneren Suche nach Erinnerungen und deren Prüfung abspielt.

»Man fragt sich, wie man auf diese simple Art irgendetwas über sich lernen kann. Aber gerade weil die drei Fragen so einfach sind, lassen Sie einem keine Möglichkeit, sich in verworrenen Grübeleien zu verstricken. Sie führen das Selbst von seiner Subjektivität zu einer objektiven Sichtweise.«

AKY YAMADA

Die Teilnehmenden sitzen auf Kissen auf dem Boden, und zwar auf relativ engem Raum, der zumindest teilweise von Wandschirmen oder Vorhängen abgeteilt wird. Dies ist die traditionelle Praxis, wobei Menschen mit Rückenproblemen oder anderen körperlichen Beeinträchtigungen bequemere Sitzmöglichkeiten erhalten können. Manchmal gibt es eine Periode leichter körperlicher Arbeit (etwa zwanzig Minuten pro Tag). Es werden drei Mahlzeiten gereicht, welche die Teilnehmenden in ihrem Zimmer oder auf ihrem Platz hinter dem Wandschirm einnehmen. Abgesehen davon wird der gesamte Tag von sechs oder sieben Uhr morgens bis abends um neun oder zehn Uhr in stiller Selbstprüfung verbracht. Von Sprechen und Lesen wird abgeraten, Telefonate sollten nur in Notfällen erfolgen. Der Kontakt zur Außenwelt wird auf ein Minimum begrenzt, damit sich die Teilnehmenden möglichst tief auf ihre Reise in die Vergangenheit einlassen können.

Bei der Aktivierung der Erinnerungen wird Wert darauf gelegt, dass sich die Teilnehmenden konkrete Details ins Gedächtnis rufen, Verallgemeinerungen sind wenig hilfreich. Statt die Erinnerung zum Beispiel darauf zu beschränken, dass Ihre Mutter Ihnen viele Jahre lang Ihre Sachen gewaschen hat, sollten Sie versuchen, Einzelheiten zu erinnern: Ihre Jugendfußballmannschaft hatte ein entscheidendes Spiel, und Ihre Mutter ist extra früh aufgestanden, um vorher noch Ihr Trikot zu waschen. Oder vielleicht hat sie Sie eines Tages von der Schule abgeholt, als der Verdacht auf Windpocken bestand.

Es stellt eine besondere Herausforderung für uns dar, uns an einzelne Ereignisse zu erinnern. Dadurch vermeiden wir eine oberflächliche Prüfung, die nur auf Verallgemeinerungen beruht wie »sie war sehr liebevoll« oder »er hat mich sehr unterstützt«. Das sind abstrakte Aussagen, die von geringerem Wert sind als eine Sammlung von detaillierten Fakten. Verallgemeinerungen sind Schlussfolgerungen; Ereignisse und Vorfälle sind tatsächlich passiert.

Naikan-Praktizierende werden dazu angeregt, etwa sechzig Prozent der Zeit der dritten Frage zu widmen. *Welche Probleme und Schwierigkeiten habe ich bereitet?* Dies ist die größte Herausforderung, denn dieser Frage haben wir zuvor recht wenig Aufmerksamkeit geschenkt. Sie erfordert, sich selbst aus der Perspektive anderer wahrzunehmen.

Nach einigen Stunden der Selbstprüfung erscheint der Naikan-Leiter und gibt den Teilnehmenden jeweils Gelegenheit, kurz über Erinnerungen aus der betreffenden Periode zu berichten. Diese Begegnung mag vielleicht wie eine Beichte erscheinen. Tatsächlich jedoch ist sie eine Gelegenheit, an Erinnerungen teilhaben zu lassen, und sie bildet den Übergang zur nächsten Periode der Prüfung. Der Leiter erteilt keine Absolution und bietet keinerlei Analyse des Gesagten. Einzig die Teilnehmerinnen und Teilnehmer selbst beurteilen ihr Verhalten, von außen erfolgt keine Wertung und kein moralisierender Kommentar. Die innere Abwehr lässt nach, wenn niemand da ist, dem gegenüber man sich verteidigen muss. Die Teilnehmenden fühlen sich frei, vielleicht überhaupt zum ersten Mal, ihr Leben offen und ehrlich zu betrachten. Der Naikan-Leiter hört nur zu, mit offenem Herzen, und bittet anschließend darum, mit der nächsten Periode (meist die folgenden drei Jahre) fortzufahren.

Die Teilnehmenden erhalten auch die Aufgabe, ihr »Lügen und Stehlen« zu prüfen – diesen Teil des Naikan habe ich bereits geschildert. Hierbei werden die drei Fragen nicht verwendet. Die Teilnehmenden werden aufgefordert, Periode für Periode ihres Lebens in Hinblick darauf zu prüfen, ob sie in weitestem Sinne gelogen, betrogen oder gestohlen haben. Betrügen wir zum Beispiel, wenn wir unserer Verpflichtung nicht nachkommen, ein Buch pünktlich in die Bücherei zurückzubringen? Lügen wir, wenn wir bei einer Bewerbung unsere Talente und Fähigkeiten übertreiben, um kompetenter zu erscheinen, als wir es tatsächlich sind? Stehlen wir jemandem Zeit, wenn wir uns zu einem Treffen zehn Minuten verspäten? Stehlen wir, wenn wir ein Gespräch belauschen, das nicht für unsere Ohren bestimmt ist? Sicherlich ist es nicht angenehm, sich solcher Dinge zu erinnern, aber sie sind nun mal Bestandteile unseres Lebens.

»Ich glaube, dass ich mich durch Naikan geändert habe, kann aber nicht sagen, ob meine Erfahrung typischer Art ist. Die wichtigsten Einsichten bestanden im Erkennen meiner Fehler und darin, die Güte zu sehen, die andere mir entgegengebracht haben. Letzteres ist mir besonders wichtig. Ich glaube, das Herz von Naikan besteht darin, eine tiefe Wertschätzung für Mutter, Vater, Geschwister, Freundinnen und Freunde und andere zu entwickeln. Man verpasst etwas Wesentliches, wenn man sich nur mit den Fehlern der Vergangenheit plagt, auf diese Weise kommt man nicht voran, und es ist eher destruktiv. Es fördert keine positive Veränderung. Tiefempfundene Wertschätzung ist dazu jedoch in der Lage.«

PIERRE D'AMOURS

Die Naikan-Prüfung wird bis zur letzten Stunde des letzten Tages weitergeführt. Immer wieder lassen die Teilnehmenden ihr Leben in Beziehung zu anderen Revue passieren. Wenn die Woche vorüber ist und die Zeit naht, in die äußere Welt zurückzukehren, was können wir dann als Ergebnis dieser außergewöhnlichen Erfahrungen erwarten?

Befragungen und Nachbesprechungen mit Teilnehmerinnen und Teilnehmern haben gezeigt, dass es sowohl gemeinsame als auch individuell sehr unterschiedliche Erfahrungen gibt. Fast alle der Befragten verlassen das Naikan-Zentrum mit einer starken Empfindung, geliebt und unterstützt worden zu sein. Manchmal haben sich Groll und Ärger auf bestimmte Personen aufgelöst. Ehemalige Teilnehmerinnen und Teilnehmer berichteten, dass sie sich der Welt gegenüber so reich und lebendig gefühlt haben wie nie zuvor. Andere verspürten eine neue Ganzheit, ein Verbundensein mit der Welt und mit anderen. Insbesondere Beziehungen zu ihren Eltern veränderten sich für manche Teilnehmer dramatisch. Menschen, die mit besonderen Problemen zu Naikan kamen wie Alkoholismus, Straffälligkeit, Drogensucht oder erlebter Misshandlung, schilderten, dass sich ihre Situation entscheidend verbessert oder positiv entwickelt habe.
Ein regelmäßiges Ergebnis der Naikan-Erfahrung ist der verstärkte Wunsch, anderen für die vielen Dinge, die man empfangen hat, etwas zurückzugeben. Aktives Geben, Dienen und handelnde Fürsorge verwandeln die Gefühle der Liebe und Dankbarkeit in tatsächliches Verhalten und verändern gleichzeitig uns und unsere Umwelt.

Ein Naikan-Retreat kann belastend sein, sowohl in emotionaler als auch in körperlicher Hinsicht. In Japan variiert die Intensität der Praxis je nach Zentrum. Das Toyama Naikan Center unter der Leitung von Masahiro Nagashima lehnt sich eng an die Tradition des Begründers von Naikan, Ishin Yoshimoto, an. Der Stil und die Atmosphäre im Senkobo Naikan Center, geleitet von Reverend Shue Usami, spiegeln dagegen dessen Schulung im Rinzai-Zen und »Reinen-Land«-Buddhismus wider. Der Psychologe Yoshihiko Miki schuf im Nara Naikan Training Center eine eher klinische Umgebung, die seiner eigenen psychotherapeutischen Orientierung und der seiner Frau entspricht.

»Diese Verbundenheit, die ich verspürte, diese Erfahrung, dass ich mein kleines Selbst nicht schützen oder verteidigen musste! Ich fühlte mich viel verbundener und war dennoch ich, und es war in Ordnung, so klein zu sein. Normalerweise bedrückt es mich, wie eng meine Grenzen sind; ich kann das kaum ertragen, ich will aus meiner Begrenztheit ausbrechen! Und dann diese außergewöhnliche Erfahrung, dass es völlig in Ordnung ist, ein begrenztes kleines Ich zu sein ... In den Therapien, die ich gemacht habe, sollte ich ein besseres Gefühl für mich selbst entwickeln, und die ganze Zeit über lag die eigentliche Lösung darin, meine Unzulänglichkeit anzuerkennen und ein besseres Gefühl für die Welt zu entwickeln.«

LUCY APPLETON

Im Naikan-Retreat können wir vor der Untersuchung unseres Lebens nicht davonlaufen – wir werden mit den Tatsachen unserer Vergangenheit unmittelbar konfrontiert. Es gibt andere Formen des Naikan, bei denen man nach einer gewissen Übungszeit fernsehen oder Zeitung lesen kann, das traditionelle Retreat ermöglicht jedoch fortlaufendes Naikan mit wenig Ablenkung. Nur äußerst selten haben wir Gelegenheit, uns dermaßen vollständig vom Alltagsgeschehen abzuwenden, die Vergangenheit zu betrachten und das Ziel und die Bedeutung der eigenen Existenz zu überdenken.

Tagebuch-Naikan

Viele, die Naikan praktizieren möchten, finden andere Formen als ein Naikan-Retreat für sich geeigneter und praktikabler. Zum Beispiel kann Naikan zu Hause in Form eines Tagebuches praktiziert werden; diese Methode wird von Professor Akira Ishii von der Aoyama Gakuin Universität in Tokio propagiert. Wöchentlich werden einige Perioden geprüft und in einem Tagebuch zusammengefasst. Die Zeit für die Prüfung einer jeden Periode sollte wenigstens eine Stunde betragen, auch wenn Ishii empfiehlt, sich nicht dem Druck eines festen Zeitrahmens zu unterwerfen. Sie können wie üblich mit Ihrer Mutter beginnen, dann mit Ihrem Vater sowie weiteren Familienmitgliedern, Freundinnen und Freunden oder anderen für Sie wichtigen Personen fortfahren. Wenn möglich, sollte das Tagebuch regelmäßig von jemandem durchgesehen werden, der oder die Naikan-Erfahrung besitzt. Ishii berichtet, dass bereits mehr als zweitausend seiner Studentinnen und Studenten an seiner Universität diese Form von Naikan praktizieren und als sehr bedeutsame Erfahrung bezeichnen. Es wird auch in Krankenhäusern mit Patienten angewendet, deren Tagebücher regelmäßig mit ihnen besprochen werden.

Tages-Naikan

Tages-Naikan ist ein einfacher und effektiver Weg, Naikan allabendlich zu praktizieren. Kurz vor dem Schlafengehen verbringt man dreißig Minuten damit, sich über den Verlauf des

Tages zu prüfen. Was habe ich heute erhalten und von wem? Was habe ich anderen zurückgegeben? Und welche Probleme habe ich anderen bereitet? Auch hier sollte man mindestens sechzig Prozent der Zeit der dritten Frage widmen. Als erste Einführung in Naikan empfehle ich meinen Schülerinnen und Schülern oft, eine Woche lang Tages-Naikan zu üben. Da der gerade vergangene Tag geprüft wird, ist es einfacher, sich an einzelne Ereignisse zu erinnern. Berichtet wird am nächsten Morgen oder in einer Sitzung am Ende der Woche. Und kürzlich habe ich begonnen, mit Klientinnen und Klienten zu arbeiten, die ihren Naikan-Bericht per E-Mail schicken. Ein Beispiel für Tages-Naikan finden Sie auf Seite 48 ff.

Die tägliche Selbstreflexion hilft Ihnen, Ihr Dasein wieder auf Tatsachen zu gründen, besonders wenn ein einzelnes Tagesereignis Ihre Wahrnehmung gefärbt oder Sie gefühlsmäßig aus der Bahn geworfen hat. Zum Beispiel könnte Ihr Computer abgestürzt sein, was sie sehr frustriert und ärgert; gleichzeitig läuft Ihr Auto jedoch prima, der Toaster funktioniert ebenso wie die Dusche, das Telefon, die Stereoanlage, der Fernseher, die Heizung und auch die lebenswichtigen Organe Ihres Körpers. Wenn wir diese Dinge objektiv sehen, bewahren wir uns vor einer emotionalen Sackgasse, in der wir uns vom Rest der Welt absperren – von all dem, das offenbart, was uns alles gegeben wird und was uns unterstützt.
David K. Reynolds hat einige eher fortgeschrittene Varianten des Tages-Naikan entwickelt, die auf unterschiedliche Aspekte unserer täglichen Interaktion gerichtet sind. Üben Sie Naikan gegenüber:

- Menschen, die Sie nur vom Sehen, aber nicht dem Namen nach kennen (z.B. die Busfahrerin, die Sie heute zur U-Bahn-Station gebracht hat)
- Menschen, die Sie weder vom Sehen noch dem Namen nach kennen (z.B. das Personal der U-Bahn)
- nichtmenschlichen Lebewesen wie der Kuh, die für die Milch in ihrem Kaffee gesorgt hat
- Dingen wie einem Auto oder einem CD-Spieler (einer meiner Freunde, ein Berufspianist, übte Tages-Naikan gegenüber seinem Flügel)
- Energieformen wie Elektrizität oder Wärme.

Beziehungs-Naikan

Naikan kann ein wichtiges Instrument sein, um unsere Beziehungen zu Partnerinnen oder Partnern und nahen Freundinnen und Freunden zu untersuchen. Es kann zum Beispiel eine hilfreiche Methode für Paare sein, die Beziehungsprobleme haben und über Trennung oder Scheidung nachdenken. Der Sinn von Naikan liegt dabei nicht darin, eine Trennung zu verhindern, sondern den Beteiligten zu ermöglichen, die Fakten ihrer Beziehung zu sehen, und ihnen dabei zu helfen, eine Entscheidung zu treffen, die den tatsächlichen Gegebenheiten ihrer Beziehung entspricht und nicht den bloßen Vorstellungen, die sie von sich und dem Partner oder der Partnerin gebildet haben. Beiden Beteiligten wird dabei die Aufgabe gestellt, sich zu ihrem Partner zu prüfen, und zwar in Ein- oder Zweijahresabschnitten seit dem Zeitpunkt ihrer ersten Begegnung. Über Tage oder Wochen wird diese Prüfung bis zum gegenwärtigen Zeitpunkt fortgesetzt. Diejenigen, die bereits die Trennung ins Auge fassen, ermutige ich, mit ganzer Kraft weiter zu üben, solange sie noch zusammen sind. Es wäre ja möglich, dass die Beziehung mit ein wenig mehr Bemühen gerettet werden kann, und wenn sie vorher aufgeben, wäre das sehr zu bedauern. Sollte man sich nicht die Gelegenheit erhalten, mehr geben zu können und mehr Fürsorge und Liebe zu zeigen? Leicht ist das nicht unbedingt, aber wäre es nicht klüger? Naikan kann ein wirksames Rezept bei Beziehungsproblemen sein, ein Mittel, Probleme dadurch zu lösen, dass man die Situation durch die Augen des anderen sieht. Darüber hinaus kann Naikan vorbeugend wirken, so dass bestimmte Probleme und Schwierigkeiten gar nicht erst auftauchen. Einen fruchtbaren Boden zu schaffen ist mindestens so wichtig wie Unkraut zu jäten.

Ich habe auch mit Paaren gearbeitet, die Naikan als Ehevorbereitung geübt haben. In einem Fall hat sich ein Paar einen ganzen Tag lang jeweils dem anderen gegenüber geprüft, um die bisherige Beziehung abzuschließen und sich auf einen Neuanfang als Ehepaar vorzubereiten. Die Jahre zuvor waren von vielen Höhen und Tiefen gezeichnet, darunter Alkoholprobleme und Untreue. Die Reflexion dieser Zeit erinnerte die beiden daran, wie viele Zeichen der Liebe es auf beiden Seiten gegeben hatte, und die Erkenntnis der eigenen Torheit und des eigenen Egoismus verhalf beiden dazu, sich selbst mehr zurückzunehmen. Andere, bereits länger verheiratete Paare haben einen Jahrestag genutzt, um Naikan zu üben und zu feiern, dass sie zusammen sind.

Eine Übung, die ich gern gemeinsam mit meiner Frau durchführe, ist »Bett-Naikan«. Wir liegen im Bett und beginnen mit der ersten Frage, nämlich was wir an diesem Tag von anderen erhalten haben. Die Antworten sprechen wir laut aus, und wir wechseln uns dabei ab. Nach einer Weile gehen wir zur zweiten

Frage über und danach zur dritten. Wenn wir bei der zweiten oder dritten Frage sind, schläft normalerweise einer von uns ein. Während vieler Naikan-Retreats habe ich mich oft nur mit Mühe wach halten können, aber beim Bett-Naikan kann ich es mir gestatten, sanft und ohne Widerstand von der Selbstreflexion in den Schlaf zu gleiten.

Naikan gegenüber Körperteilen

Vielleicht möchten Sie einmal versuchen, Naikan gegenüber Teilen Ihres Körpers zu üben. Für Raucher mag die Reflexion über die Lunge hilfreich sein; Fotografen möchten vielleicht Naikan gegenüber ihren Augen praktizieren. Worin besteht eigentlich der Beitrag dieser und anderer Körperteile? Eine meiner Freundinnen hatte letzten Monat schlimme Zahnschmerzen, die erst nach einigen qualvollen Tagen behandelt werden konnten. Wie wunderbar ist es, keine Zahnschmerzen zu haben! Wie zuvorkommend vom Leben, dass es uns Tage schenkt, an denen wir unsere Zähne nicht bemerken. Es gibt einen Zenspruch: »Wenn der Schuh passt, vergessen wir den Fuß.« Vielleicht ist es die Sache wert, sich einmal bei seinen Zähnen dafür zu bedanken, dass sie uns schon so oft gedient haben. Was haben Sie für Ihre Zähne getan? Haben Sie sie vernachlässigt? Können Sie ihnen etwas zurückgeben? Achten Sie darauf, wie Naikan die Art und Weise verändern kann, wie wir mit unserem Körper umgehen.

Naikan-Übungen

Es gibt eine Reihe von Übungen, mit deren Hilfe Naikan unser Bewusstsein für das Alltagsgeschehen erweitert. Als ich in Japan übte, wurde ich aufgefordert, das Geben und Nehmen zwischen meinen Eltern und mir in finanzieller Hinsicht zu betrachten. Zuerst sollte ich den Geldbetrag schätzen, den meine Eltern von meiner Geburt bis zu meinem einundzwanzigsten Geburtstag für mich aufgebracht haben. Dabei sollte ich die Ausgaben für Kleidung, ärztliche Versorgung, Aufwendungen für die Schule, Spielzeug, Klavierstunden, Nahrungsmittel berücksichtigen, des Weiteren meinen Anteil an der Wohnungsmiete mitsamt Nebenkosten, Ausgaben für das Auto, Versicherungen und so weiter. Ich habe versucht, die Kosten so exakt wie möglich zu schätzen. Danach sollte ich ausrechnen, wie viel ich für meine Eltern im gleichen Zeitraum ausgegeben hatte. Diese Summe war niederschmetternd gering. Auch die kleinen Geburtstags- oder Weihnachtsgeschenke hatte ich in der Regel ja von ihren Zuwendungen bezahlt. Als Jugendlicher hatte ich gearbeitet, aber das Geld für Freizeitvergnügen ausgegeben und vielleicht etwas für das College beiseitegelegt. Später wurde ich zu einem entsprechenden Vergleich für meine Jahre als Erwachsener aufgefordert. Wie viel hatten sie seit meinem einundzwanzigsten Lebensjahr für mich ausgegeben? Und wie viel hatte ich für sie aufgebracht? Für diese Zeit hatte ich eine ausgeglichenere Bilanz erwartet, aber ich hatte mich getäuscht. Mit steigendem Alter nahmen meine »Zahlungseingänge« viel stärker zu als die »Ausgänge«.

Hier sind einige weitere Übungen zur Selbstreflexion, die man im alltäglichen Leben anwenden kann:

- Wenn jemand etwas für Sie tut, bedanken Sie sich achtsam. Sagen Sie »danke«, und benennen Sie konkret, wofür Sie sich bedanken, zum Beispiel: »Danke, dass Sie mir die Tür aufgehalten haben« oder »Danke, dass du mir einen Orangensaft eingeschenkt hast«. Es ist leicht, sich ein nachlässiges »Danke« anzugewöhnen; wir sprechen es aus, schenken jedoch dem, was für uns getan wurde, bereits keine Aufmerksamkeit mehr. Achtsames Danken erfordert Innehalten und die Wertschätzung dessen, was wir erhalten haben.
- Danken Sie während einer Mahlzeit vor jedem Bissen im Stillen einem Menschen oder einem Gegenstand, der etwas zu dem Essen beigetragen hat. Danken Sie zum Beispiel der Bäuerin, die das Getreide angebaut hat, danken Sie der Erde, dem LKW-Fahrer, der das Getreide zur Bäckerei gebracht hat. Das ist auch ein guter Weg, um Ihr Tempo zu drosseln, wenn sie dazu tendieren, Ihr Essen hinunterzuschlingen.
- »Müll-Naikan« ist eine Übung, sich bei etwas zu bedanken, das man gerade im Begriff ist wegzuwerfen. Was haben Sie davon gehabt? Wie hat es Ihnen gedient? Sie können beispielsweise Ihrem Papiertaschentuch dafür danken, dass es Ihre Tränen aufgenommen hat, oder dem Papier, das Ihren Schokoriegel frisch gehalten hat. Haben diese Dinge Ihnen in einer Form genutzt, die Sie für selbstverständlich hielten?
- David K. Reynolds empfiehlt als eine besondere Übung, eine Schublade zu leeren, sie zu reinigen und dann jedem Teil, das wir wieder einsortieren und an seinen Platz zurücklegen, zu danken. Dadurch werden wir uns bewusst, welchen Dienst uns Socken, Werkzeuge und Utensilien aller Art leisten.

Unser Naikan-Bericht

Es ist wichtig, dass wir über unsere Selbstreflexion berichten, dies bestätigen meine Erfahrungen und ebenso die meiner Schülerinnen und Schüler. In der Regel weisen wir gern vor, was wir gut gemacht haben, und behalten die negativen Dinge für uns. So schaffen wir zeitlebens ein Bild von uns, das den Tatsachen nur teilweise entspricht, denn unsere Fehler und Vergehen und unser egoistisches Verhalten gehören genauso zu unserem Dasein. Wenn wir all das jemandem anvertrauen, sind wir uns selbst gegenüber aufrichtiger und lassen ein Stück weit den selbst auferlegten Zwang fallen, stets einen »guten Eindruck« machen zu müssen. Es ist von Vorteil, wenn man die Ergebnisse der Selbstreflexion jemandem anvertraut, der Naikan-Erfahrung besitzt. Manche sprechen über ihr Naikan zu Gott, Buddha, Allah oder einer höheren Macht, andere lassen ihren Partner oder eine nahe Verwandte an ihren Naikan-Erfahrungen teilhaben, und wieder andere üben völlig für sich allein und berichten niemandem.

Betrachten wir nun die Position des Zuhörenden. Jemandem zuhören zu dürfen, der sein Leben ohne Vorbehalt geprüft hat, ist eine Auszeichnung und kann eine sehr bereichernde Erfahrung sein. Wenn wir zuhören, sollten wir so bescheiden sein, als erhielten wir ein großes Geschenk von einem von uns sehr geschätzten Menschen Oder als lauschten wir der weisen Geschichte eines Meisters.

Vor mir sehe ich ein Paar Hände. Beide Handflächen liegen flach auf dem Boden, sie überdecken sich leicht. Ich nehme die Knöchel und die Struktur der Haut wahr. Die Nägel sind manchmal abgebissen, manchmal lang oder auch sorgfältig gefeilt. Vielleicht zuckt die Hand etwas, ist unruhig, Finger trommeln. Jedes

Paar Hände ist einzigartig, gehört zu einem menschlichen Wesen. Einem Wesen, das es freiwillig auf sich nimmt, die Tatsachen seines Lebens zu betrachten, und das mir die Ehre erweist, zuhören zu dürfen. Ob schmerzlich oder voller Freude, das Leben dieses Menschen ist sein Leben. Und jene Momente, in denen ich einen flüchtigen Blick darauf werfe, sind kostbar und erhaben.

»Diese Erfahrung [ein Naikan-Retreat] war ein Segen für mich. Ich sehe die Tatsachen und kann jetzt Entscheidungen treffen, wie ich ein besseres Leben lebe, weil ich auf die Konsequenzen meines Handelns achten werde. So beginne ich meine Reise nun von neuem ...«

LAURA LICATO

Über die Hände dieses Menschen weiß ich eine ganze Menge, denn sonst sehe ich während des Naikan-Berichtes nichts von ihm. Zu Beginn des Naikan-Retreats werden die Teilnehmenden gebeten, die Augen gesenkt zu halten und Blickkontakt zu vermeiden. Naikan ist eine Innenschau – es geht nur um die Prüfung unseres eigenen Lebens. Da bleibt kein Raum, andere anzusehen, wir betrachten einzig uns selbst.
Der Mensch mir gegenüber, eine Frau, berichtet über ihr Naikan. Sie beginnt mit dem, was sie von der Person erhalten hat, gegenüber der sie sich gerade prüft. Das eine Mal ist ihre Liste lang, ein anderes Mal erinnert sie sich nur an weniges. Regelmäßig schwingt in ihrer Stimme eine Einsicht mit: »Mein Gott, nie zuvor habe ich mir das klargemacht.« Dann fährt sie damit fort, was sie der Person gegeben hat. Oft ist diese Liste zu ihrer Enttäuschung sehr kurz. »Da muss doch noch mehr sein!«, meldet sich ihre innere Stimme voller Bedauern.

Einiges von dem, was wir Geben nennen, kann sich merkwürdig anhören. Arthur berichtet, er habe seinen Eltern Freude geschenkt, weil er mit dem Trinken aufgehört hat. Sheila sagt, sie habe ihrem Mann Geld gespart, weil sie nicht so viel ausgegeben hat, wie sie hätte ausgeben können. Jill berichtet, dass sie ihrer Sekretärin Arbeit gegeben habe, damit diese sich nicht langweilt. Geschenke dieser Art müssen genauer betrachtet werden. Was habe ich bekommen, um diese Geschenke machen zu können? Kann es sein, dass das, was ich gegeben habe, der anderen Person Probleme bereitet hat? Welche Absicht steckte hinter diesen Geschenken? Geschah es wirklich dem anderen zuliebe? Wie sehr habe ich selbst von dem profitiert, was ich gegeben habe? Noch mehr Fragen, noch mehr zu entdecken.

Zum Schluss folgt die Liste der Probleme. Diese Erinnerungen zu berichten fällt am schwersten. Nach und nach tauchen Dinge auf, die anderen Schwierigkeiten und Leid bereitet haben. Jennifer erinnert sich, ihre kleine Schwester geschlagen zu haben, als sie eines Abends auf sie aufpassen musste. Steven erinnert sich, die Erbschaft seiner ehemaligen Frau beim Pferderennen verspielt zu haben. Augenblicke der Tränen und der Schuld und enormen Mutes. Wieder ist ein Stück Wahrheit mehr ausgegraben.

Ich knie mit gesenktem Kopf, höre nur zu. Es kommt vor, dass ein Bericht mir meine eigene Naikan-Reflexion ins Gedächtnis ruft. Ich erinnere mich der Fürsorge, die ich genossen, und des Schadens und Leides, das ich anderen zugefügt habe. Ich vergegenwärtige mir, wie selbstsüchtig ich gewesen bin und wie wenig ich gegeben habe und dass das Leben mich dennoch beschützt hat wie eine Mutter ihr Baby. Und das nicht etwa, weil ich es verdient hätte oder ein besonders guter Mensch wäre, sondern weil allgegenwärtiges Mitgefühl und fortwäh-

rende Fürsorge mein Leben durchdringt, wohin ich auch blicke.
Als ein Repräsentant des Lebens versuche ich, mein Herz diesem Menschen gegenüber zu öffnen, der den Mut hat, die Wahrheit zu erforschen und die Realität so zu akzeptieren, wie sie ist. Aber wenn und sobald mein Herz sich öffnet, weiß ich dennoch, dass nicht mein Tun dies bewirkt.
Die Teilnehmerin gelangt zum Ende ihres Berichtes, mehr gibt es nicht in diesem Moment. Ich verneige und bedanke mich, sonst habe ich nichts zu bieten. Keine Absolution, kein Vergeben, keine Analyse, nichts, was es leichter macht. Ich verfüge nicht über magische Kräfte. Die Magie ist in ihr. Sie liegt in dem Raum zwischen Frage und Antwort. Die Magie erzeugt die Frage. Die Magie zeigt sich im Wunsch, die Magie zu erfahren.
Ich stehe auf und bedanke mich für ihr Kissen. Vor jedem Bericht legt sie es auf meinen Platz vor dem Wandschirm, denn offenbar hat sie bemerkt, dass es mir Probleme bereitet, auf dem Holzfußboden zu knien. Selbst wenn ich nur sitze und zuhöre, unterstützt mich die Welt und macht – buchstäblich – Hartes weich.

Feiertage: Gelegenheit zu Muße und Besinnung

Heutzutage haben wir den wahren Sinn vieler Feiertage oftmals aus den Augen verloren. Allzu oft bedeutet ein Feiertag für uns, nicht zur Arbeit gehen zu müssen, Mengen ungesunden Essens zu uns zu nehmen, in Werbung verpackte Sportsendungen zu sehen und überflüssige Konsumartikel zu kaufen und zu verschenken. Viele dieser Feiertage könnten uns jedoch als Anstoß dienen, einen Schritt zurückzutreten und unser Leben zu betrachten, Tage, an denen wir etwas feierlich begehen können, das von größerer Bedeutung ist als ein neuer Toaster oder der Sieg der Lieblingsmannschaft. Aber das erfordert ein radikales Umdenken, was unsere Gewohnheiten angeht. Wie können wir für unsere Aktivitäten an solchen Tagen Alternativen entwickeln, um die Selbstbesinnung zu fördern, anderen beizustehen und achtsamere Formen des Feierns zu finden?

In diesem Kapitel möchte ich Ihnen Wege aufzeigen, Selbstbetrachtung mit einigen Feiertagen zu verknüpfen – Neujahr, Thanksgiving und Muttertag. Es gibt noch weitaus mehr geeignete Anlässe – ich habe in früheren Kapiteln bereits die Hochzeit oder einen Jahrestag als Gelegenheiten erwähnt, Naikan zu üben. Die meisten Hinweise, die ich zum Muttertag geben werde, lassen sich ebenso gut auf den Vatertag übertragen.

In Deutschland kann der Tag der deutschen Einheit* an andere Wiedervereinigungen erinnern, die in unserem Leben von Bedeutung waren; am Totensonntag können wir uns darauf besinnen, was wir verstorbenen geliebten Wesen verdanken, aber wir können auch darüber reflektieren, dass der Tod notwendig ist für das, was ist und künftig sein wird. Was gibt uns der Tod? Auch der eigene Geburtstag bekommt eine andere Bedeutung, wenn ich ihn aus einem erweiterten Blickwinkel heraus betrachte. Solche Tage können dazu dienen, wacher zu werden, statt sich an ihnen mit Alkohol oder Fernsehen zu betäuben.

* Der Autor bezieht sich in diesem Abschnitt auf die amerikanischen Feiertage für die Unabhängigkeit und für die Kriegsopfer (Independence Day und Memorial Day). Ich habe seine Gedanken sinngemäß auf deutsche Feiertage übertragen. (Anm. d. Übers.)

Naikan an Neujahr

Wie verbringen Sie den letzten Tag des Jahres? Einige Jahre lang traf ich mich am 31. Dezember bei meiner Freundin Barbara mit einer Gruppe zur gemeinsamen Besinnung, von etwa zwölf Uhr mittags bis Mitternacht. Wir machten uns bewusst, was wir im zurückliegenden Jahr von vielen Menschen bekommen und welche Fürsorge und Unterstützung wir erfahren hatten. Danach haben wir miteinander gefeiert, uns über ein erfülltes Jahr und auf unsere Vorhaben für das beginnende gefreut.

> *»Die Jahre lehren mich das, wovon die Tage nichts wissen.«*
> RALPH WALDO EMERSON

Einen der Räume hatten wir als »Empfangsraum« eingerichtet, wohin sich jeder für seine Naikan-Übung zurückziehen konnte. Die Naikan-Erfahrenen unter uns machten die Runde und nahmen die Berichte der anderen entgegen.
Letztes Jahr saß ich dort auf meinem Kissen, mit Blick auf die Wand; es war ein Kellerraum. Regelmäßig sprang der Brenner der Heizung an, und ich pendelte innerlich zwischen leichtem Ärger über das störende Brummen von Brenner und Pumpe und Dankbarkeit für die Wärme, denn es war ziemlich kalt an diesem Abend.
Neujahr ist ein geeigneter Zeitpunkt, persönliche Ziele (nicht nur pauschale »gute Vorsätze«) für das nächste Jahr zu formulieren. Wenn uns also ein weiteres Lebensjahr geschenkt wird, wie können wir es am besten gestalten, was wäre unser sinnvollster Beitrag für die Welt? Auch wenn es nur wenig ist, kön-

nen wir damit beginnen, den Menschen etwas zurückzugeben, denen wir im vergangenen Jahr – und darüber hinaus – etwas zu verdanken hatten? Eine der möglichen Übungen zu Neujahr: Erstellen Sie eine Liste der zehn wichtigsten Menschen Ihres Lebens. Finden Sie dann die drei wichtigsten Dinge heraus, die jede dieser Personen für Sie getan oder Ihnen gegeben hat. Die Bedeutung dieser Dinge sollte nicht nur darin liegen, dass sie an sich wichtig waren, sondern dass sie vielleicht weitere Erfahrungen und Erlebnisse ermöglicht haben, die sonst ausgeblieben wären. Dann stellen Sie sich die Frage: »Was kann ich im kommenden Jahr für diese Person tun oder ihr schenken?« Wählen Sie etwas, das diese Person aus Ihrer Sicht schätzen würde, und nicht etwas, von dem Sie denken, dass es gut für sie sei. Damit schließen Sie Ihre Liste ab – dort stehen jetzt zehn Geschenke oder Dienste für zehn unserer persönlichen Helfer und Begleiterinnen.
Ihr Ziel sollte es sein, dieses Vorhaben im kommenden Jahr zu verwirklichen. Dieses Ziel fügen Sie den Zielen hinzu, die Sie für sich aufgestellt haben, und zwar auf Rang eins. Gibt es etwas Wichtigeres? Dies soll nicht zum Ausgleich für unsere Schulden dienen oder eine Wiedergutmachung für die Probleme, die wir verursacht haben, aber diejenigen, die uns geholfen haben, verdienen eine Geste der Dankbarkeit, ein greifbares Zeichen unserer Anerkennung und einige Momente unserer ungeteilten Aufmerksamkeit.
Sehen wir den Tatsachen ins Auge: Können wir wirklich etwas geben? Wir fungieren lediglich als Vermittler und Lieferanten für Dinge und Dienste, die als Geschenke von einem Punkt des Kosmos zu einem anderen durch uns hindurchgehen. Jeder Aufenthalt ist vorübergehend, denn Geschenke können nicht verweilen. Das Leben sorgt für sich selbst, dient sich selbst und reorganisiert sich beständig von selbst.

Es ist fast Mitternacht. Unsere formelle Naikan-Übung ist zu Ende, und schweigend richten wir die von allen mitgebrachten Speisen an. Ich freue mich jedes Mal auf Julies vegetarischen Auflauf. Nur für diese eine Nacht kommt sie Hunderte von Kilometern von Washington, D. C., angereist. Wir essen um Mitternacht, feiern das Ende des einen und den Anfang eines neuen Jahres. Nacheinander finden wir jeder einen Platz zum Schlafen. Die Heizung mit dem lauten Brenner wird mich die ganze Nacht wärmen, selbst wenn ich nicht wach bin.

Empfehlungen für Naikan an Neujahr

Für Ihren Start in das neue Jahr finden Sie im Folgenden eine Reihe von Übungen, die mit Naikan verwandt sind. Wählen wir den Weg der stillen Reflexion, stellt sich uns das Neujahrsfest auf völlig neue Weise dar. Wir feiern die Geschenke, die das Leben uns macht, wir stoßen auf die Güte an, mit der andere uns begegnen, und werden trunken von der Liebe, die wir trotz unserer Begrenztheit und unserer Fehler bekommen.

- Prüfen Sie sich gegenüber Mutter, Vater oder anderen Personen, die Ihnen im vergangenen Jahr geholfen haben. Denken Sie dabei auch an Dinge, die Sie früher bekommen haben, die Ihnen aber im vergangenen Jahr noch von Nutzen waren.
- Prüfen Sie sich gegenüber jemandem, mit dem Sie einen Streit oder Konflikt ausgetragen haben oder mit dem es Spannungen gab. Diese Art von Selbstprüfung ist uns nicht so angenehm – vielleicht ein Zeichen dafür, dass sie nötig ist.
- Erstellen Sie eine Liste der hundert Dinge, die Sie im vergan-

genen Jahr ohne einen Ausgleich oder eine Gegenleistung Ihrerseits erhalten haben. Darunter können Geschenke sein, Dinge, die Sie gestohlen oder unentgeltlich benutzt haben.

- Erstellen Sie eine Liste von fünfundzwanzig wichtigen Diensten, die Ihnen im vergangenen Jahr erwiesen wurden.
- Prüfen Sie, ob Sie Personen, die Sie unter Punkt 4 erwähnt haben, Probleme oder Schwierigkeiten bereitet haben.
- Prüfen Sie Ihr Lügen und Stehlen im vergangenen Jahr.
- Prüfen Sie Ihre Redeweise im vergangenen Jahr. In welcher Form haben Sie sich kritisch, verletzend oder unangemessen über jemanden geäußert? Auf welche Weise hat dies Schaden oder Probleme verursacht?
- Prüfen Sie, auf welche Weise Sie im vergangenen Jahr Dinge schlecht behandelt haben.
- Was haben Sie im vergangenen Jahr gelernt? Von wem? Erstellen Sie eine Liste von allen Menschen, die Ihnen geholfen haben, zu lernen und zu wachsen – persönlich, beruflich und spirituell.
- Schreiben Sie Dankesbriefe an diejenigen Menschen, die im vergangenen Jahr für Sie gesorgt und Ihnen geholfen haben.

Thanksgiving

Ich denke, es ist wunderbar, hier in Amerika einen Feiertag mit Namen Thanksgiving* zu begehen. Ich fürchte nur, dass dieser

* Wörtl. »Dank geben, sich bedanken«; entspricht unserem Erntedankfest, ist jedoch in den USA ein Feiertag. Wir können die Gedanken des Autors ohne weiteres z. B. auf das Weihnachtsfest übertragen. (Anm. d. Übers.)

Tag für viele Familien längst nicht mehr die Bedeutung eines besonderen Tages der Dankbarkeit besitzt.
Nehmen wir an, eine Austauschschülerin aus dem Ausland würde ihr erstes Thanksgiving bei einer amerikanischen Familie zubringen. Wie würde sie es erleben? Stellen wir uns den Brief vor, den sie danach an ihre Eltern schreibt:

Liebe Mama, lieber Papa,

auf Thanksgiving, diesen typisch amerikanischen Feiertag, hatte ich mich sehr gefreut, zumindest hielt ich ihn für eine wundervolle Idee. Den Vormittag über spielten die Kinder Videospiele und sahen fern. Nachmittags begannen die Leute Bier und Wein zu trinken, und dann gab es ein gewaltiges Menü. Ich habe in meinem Leben noch nicht so viel gegessen. Aber, Mama, du glaubst es nicht, wie viel sie letztlich weggeworfen haben, es hätte bei uns daheim einer ganzen Familie noch für eine Woche gereicht. Beim Essen hörte ich lauter Klagen, wie schlecht es ihnen allen geht und welche Sorgen sie haben. Sie zogen über eine ganze Reihe von Verwandten her, die nicht dabei waren, und Lisas Vater geriet in einen heftigen Streit mit ihrem Onkel. Später haben die Kinder draußen weitergespielt, und die meisten Männer haben sich ein Footballspiel im Fernsehen angesehen. Im Ganzen betrachtet war der Tag eine einzige große Party. Mir ist nicht klar geworden, warum sie den Tag »Thanksgiving« nennen.

Ich denke, es ist an der Zeit für eine Thanksgiving-Revolution. Wir müssen uns ernsthaft bemühen, den Sinn dieses Tages wiederzugewinnen. Sollten wir uns nicht die Zeit nehmen, unser Dasein zu überdenken, zu überlegen, was wir empfangen haben, und für diesen Segen und die Gaben danken? Ich möchte einige Anregungen geben, Thanksgiving wieder im althergebrachten Sinne zu begehen. Beginnen wir mit Dingen, die wir in unsere Feier *nicht* einschließen wollen:

- Keine Beschwerden.
- Keine Kritik an anderen.
- Kein Fernsehen, keine Video- oder Computerspiele.
- Kein Töten und Essen von Tieren.
- Keine Nahrungsverschwendung.
- Kein Alkohol.

Die meisten Menschen werden den Punkten »keine Beschwerden« und »keine Kritik an anderen« noch zustimmen wollen. Aber vielleicht gehört für Sie zum Thanksgiving unbedingt ein Truthahn, und Sie können sich keine Festtafel ohne gebratenen Vogel in der Mitte vorstellen. Und vielleicht ist für Sie das Footballspiel im Fernsehen oder der Genuss eines Glases Wein zum Essen gleichbedeutend mit Entspannung.

Was können wir also stattdessen an diesem Tag tun? Nun, beginnen wir den Tag mit einer stillen Reflexion oder Meditation. Damit gewinnen wir ein wenig Abstand vom Alltag und besinnen uns auf die Freude am Dasein, bevor wir in Geschäftigkeit verfallen. Steckt man erst einmal voll im Tagesprogramm, kann man vieles nicht mehr würdigen. Einer der Vorteile, mal nicht geschäftig zu sein, ist, dass wir uns für die Dankbarkeit öffnen und die Gaben des Lebens wahrnehmen können.

Danksagung

Wir sagen Dank für die Speisen, die uns am Leben erhalten, und für die Wesen, die ihr Leben dafür gaben, dass wir weiterleben können.

Wir sagen Dank für die Autos und Flugzeuge und Straßen, die es uns ermöglicht haben, heute zusammen zu sein.

Wir sagen Dank für alles, was unsere vergänglichen Körper gesund erhält.

Wir sagen Dank für dieses Heim, das uns vor Kälte und Nässe schützt und unseren Schlaf behütet.

Wir sagen Dank, dass wir Arbeit haben, damit wir bezahlen können, was wir zum Leben brauchen.

Wir sagen Dank unseren Eltern, die uns in diese Welt gebracht haben.

Wir sagen Dank der geheimnisvollen Kraft, die unser Herz schlagen lässt und unseren Körper mit Leben erfüllt.

Wir geloben, wach zu werden, jeden Tag intensiv zu leben, die Tatsachen so zu sehen, wie sie sind, und unser Leben dem Zweck zu widmen, für den es bestimmt ist.

In der Zeit der Stille machen wir uns Notizen zu diesen Gaben. Einige sind offensichtlich, wie ein Haus, ein Auto oder Gesundheit; andere werden erst dann sichtbar, wenn wir uns aktiv auf

die Suche begeben. Vielleicht machen wir uns das Geschenk bewusst, Post versenden und empfangen zu können. Wir jammern, wenn die Post wieder einmal das Porto erhöht, aber ist es nicht erstaunlich, dass wir einem Freund einen Brief schicken können, der Hunderte von Kilometern entfernt wohnt, und das für ein paar Cent?
Nach dieser Zeit der Stille schreiben wir einige Dankesbriefe. Hier ein Beispiel:

Lieber Briefzusteller,

vielen Dank dafür, dass Sie mir in diesem Jahr ungefähr 285 Briefe zugestellt haben. Ich sehe Sie selten, und ich habe darüber nachgedacht, wie bequem es für mich ist, täglich Post direkt in meinen Briefkasten geliefert zu bekommen. Ich weiß, dass mein Hund jedes Mal bellt, wenn Sie sich der Haustür nähern, aber ich denke, mittlerweile haben Sie sich daran gewöhnt. Dennoch wird es nicht gerade angenehm für Sie sein, den ganzen Tag unterwegs zu sein und Briefe zuzustellen, um dann von einem wild kläffenden Hund begrüßt zu werden, anstatt von einem Lächeln oder einem Wort des Dankes. Das tut mir leid. Vermutlich wird es eine Reihe von Tagen geben, da Ihnen nicht danach zumute ist, die Post auszutragen, aber Sie tun es trotzdem. Einiges in meiner Post ist nicht unbedingt von Nutzen, aber es gibt auch sehr Wichtiges darunter – Briefe mit Geld, Post aus Übersee, wertvolle Unterlagen. Ich danke Ihnen, dass Sie eine so zuverlässige Verbindung zwischen mir und dem Rest der Welt darstellen.

Wenn wir einige Briefe dieser Art geschrieben haben, treffen wir uns alle und tauschen vielleicht unsere Erfahrungen aus. Das Ganze ist ein wunderbarer Start, um zum aktiveren Teil des Tages überzugehen.

Und was ist mit den Speisen, die wir verzehren? Ist das wirklich eine gute Idee, Dank auszudrücken, indem man einen prächtigen, majestätischen Vogel wie den Truthahn tötet und verschlingt? Hinter unserem Haus in Vermont beobachten wir oft wilde Truthähne, die im Garten herumstreifen, und ich kann gut verstehen, weshalb Benjamin Franklin empfahl, anstelle des Adlers den Truthahn zum Nationalsymbol zu erheben. Vor zweihundert Jahren war das Töten von Tieren lebensnotwendig, doch heutzutage können wir ein schmackhaftes Mahl zubereiten, ohne diesen herrlichen Vögeln das Leben zu nehmen.

Aber wenn Sie keinen Truthahn nehmen, was essen Sie dann? Was ist mit Fisch? Nun, das sind ebenfalls Lebewesen, und ich nehme an, sie empfinden es als schrecklich und schmerzhaft, getötet zu werden. Was ist mit Gemüse? Na ja, das besteht auch aus Lebewesen, die sterben, damit wir sie essen und leben können. Was immer wir zum Essen wählen, wir sollten unsere Einstellung zur Nahrung grundsätzlich überdenken. Statt »Lasst uns reinhauen, bis wir platzen«, sollten wir uns bei unserer Nahrung entschuldigen:

»Es tut mir leid, Kartoffeln und Preiselbeeren, dass ich euch verzehre und damit euer Leben auf diesem Planeten beende. Vergebt mir bitte. Ich bin ein selbstsüchtiges Wesen, das die Nahrung braucht, die ihr bietet, um mein eigenes Leben fortzusetzen. Ich will mir Mühe geben, nichts von euch zu verschwenden und nicht mehr zu nehmen, als ich wirklich brauche. Danke, dass ihr mich am Leben erhaltet, und ich bedaure, dass ich nicht das Gleiche für euch tun kann.«

Was wir an Thanksgiving ebenfalls ändern können, ist, an der Feier nicht nur unsere Familie teilnehmen zu lassen. Viele Leute, darunter auch Kinder und alte Menschen, haben keine Familie, mit der sie Thanksgiving begehen können. Machen wir uns die Mühe, solche Menschen außerhalb unserer Familien zu finden und sie an unserer Feier teilnehmen zu lassen.

Wir haben damit den Aspekt des Dankes an diesem Feiertag angesprochen – wenden wir uns nun dem Geben zu. Wir können diesen Tag nutzen, um Geschenke auszutauschen. Das müssen keine extra gekauften Dinge sein – wir können etwas wählen, das uns gehört und das wir weitergeben möchten. Nichts Kaputtes oder Nutzloses, sondern etwas, das von Wert für uns ist und von dem wir möchten, dass es jemand anderem eine Zeitlang Freude bereitet. Wir können auch der Gemeinde einen Dienst erweisen, zum Beispiel den Spielplatz säubern, im Park Unkraut jäten oder Abfall von der Straße auflesen. Für die Vögel können wir eine Extraportion Futter streuen. Oder wir schreiben einen Brief an Amnesty International, in dem wir uns für politische Gefangene einsetzen, die nicht den Vorzug genießen, von der Straße Abfall aufheben zu können.

Haben wir das »Danken« und »Geben« in Thanksgiving wieder eingeführt, können wir überlegen, diesen Feiertag über die Dauer eines Kalendertages auszudehnen. Warum nicht die anderen Monate an unserem Dank teilhaben lassen? Wie wäre es mit einem monatlichen Thanksgiving-Tag? Oder einer ganzen Thanksgiving-Woche statt nur eines Tages?

Also, überlegen Sie, ob Sie bei dieser Revolution mitmachen möchten. Was würde Ihnen und Ihrer Familie helfen, den wahren Sinn von Thanksgiving wiederzugewinnen? Welchen Beitrag könnten Sie an diesem besonderen Tag leisten, um die

Dankbarkeit wiederzubeleben und Ihr Herz für den endlosen Strom von Gaben zu wecken, von dem Ihr Leben Tag für Tag getragen wird?

Muttertag

»Mutter, nie hast du es für nötig gehalten zu sagen, dass du mich liebst. Niemals hast du mich um meiner selbst willen geliebt. Du hast mich nur benutzen wollen, um deine unerfüllten Träume zu leben. Nie warst du da, wenn ich dich gebraucht habe. Ich war nur dann für dich vorhanden, wenn ich von der Schule gute Noten nach Hause brachte.«

Das sind typische Aussagen für diejenigen von uns, die wir tief in uns danach gesucht haben, endlich die Wut auf unsere Mutter zu spüren, mit der offiziellen Erlaubnis einer Herde von Talkmastern, Autorinnen von Lebenshilfebüchern, Erfindern von »Sei-du-selbst«-Programmen und Therapeutinnen, alle darum bemüht, uns einen *ehrlichen* Blick auf unsere Kindheit zu vermitteln und dann unsere Mutter als Zielscheibe zu definieren.

Natürlich nehmen wir uns die Zeit, eine Karte zum Muttertag zu schicken oder jener Frau ein kleines Geschenk zu machen, die – unter anderem – uns in diese Welt gebracht hat. Aber was zählen diese Kleinigkeiten schon inmitten einer Ansammlung von Menschen und Lebenshilfeprogrammen, die in der Mutter nicht mehr sehen als einen Stolperstein auf dem Weg zu Selbstverwirklichung und Selbstwertgefühl.

Natürlich sind Mütter nicht vollkommen, auch sie machen Fehler. Sie treffen unbedachte Entscheidungen, handeln selbstsüchtig und verlieren die Beherrschung, einige vernachlässigen

oder missbrauchen ihre Kinder. Doch bevor wir uns von ihnen abwenden, sollten wir uns die Sache genauer ansehen.
Meinen ersten ernsthaften Versuch in dieser Richtung unternahm ich 1989, als ich zwei Wochen in einem Naikan-Zentrum in der Nähe von Kuwana, Japan, verbrachte und mein Leben betrachtete. Einen ganzen Tag lang prüfte ich nur die Beziehung zu meiner Mutter, Jahr um Jahr. Was hatte sie mir in meiner Kindheit gegeben? Zuerst kamen die Erinnerungen nur langsam und verschwommen. Von Zeit zu Zeit jedoch tauchte ein lebhaftes Bild auf, wie sie mir ein Schinken-Käse-Sandwich machte, mein schmuddeliges Baseballtrikot der Kinderliga wusch oder mit mir zusammen am Klavier saß. Einige der Prüfungsfragen bestanden aus Berechnungen: Wie oft hat sie mir wohl die Windeln gewechselt? Wie viele Mahlzeiten hat sie für mich zubereitet? Wie viele Maschinen Wäsche hat sie für mich gewaschen? Diese Bilder und Eindrücke enthielten nichts von der Dramatik, wie man sie oft in Therapiezimmern oder Talkshows findet. Wäsche zusammenzulegen kann ziemlich langweilig sein, wenn man es selbst macht, und ist vermutlich noch langweiliger, wenn man nur darüber nachdenkt, wie jemand anders es tut. Vieles von dem, was von Müttern erwartet wird, ist nun mal nicht sehr aufregend: die Wäsche, der Abwasch, Windeln wechseln, auf dem Spielplatz auf einer Bank sitzen und zugucken, wie der Sohn auf einem Klettergerüst herumturnt. Eben weil diese Dinge so undramatisch sind, werden sie übersehen, vergessen oder für selbstverständlich gehalten. In Therapien wird über sie nicht geredet, weder in Selbsthilfebüchern noch in Talkshows werden sie thematisiert. Doch wenn wir unser Leben betrachten und die Beziehung zu unserer Mutter prüfen, ist es wichtig, sich an diese Arbeiten und Leistungen zu erinnern, und zwar aus einem entscheidenden Grund: Sie sind passiert.

Nach meinem zweiwöchigen Aufenthalt im Naikan-Zentrum hatte sich die Beziehung zu meiner Mutter für immer verändert. Nicht dass ich ein vorbildlicher Sohn geworden wäre, aber meine Erinnerung hatte an Vollständigkeit gewonnen, und mein Bild von ihr hatte sich verändert. Ich kann nur selten mit ihr telefonieren, ohne dass mir einige der in Japan ausgegrabenen Erinnerungen wieder einfallen, unter anderem, wie schlecht ich sie als Kind und Jugendlicher behandelt habe. Und auch, wie dankbar ich ihr bin für das, was sie für mich getan hat.

»Im vierten Schuljahr wechselte ich in eine Klasse für besonders Begabte, die an meiner Grundschule eingerichtet worden war. Hier gab es Kinder aus allen Stadtteilen, aber ich war das einzige Kind von der Lawrence-Grundschule. Und alle meine Freundinnen waren in der Nachbarklasse. Dann führte die Schule einen Vergleichstest zwischen den beiden Klassen durch. Meine Leistungen waren miserabel, und ich war unglücklich, wollte aus der Klasse raus und wieder mit meinen alten Freundinnen zusammen sein. Meine Mutter hat daraufhin eine Pfadfindergruppe für Mädchen initiiert, und zumindest dort konnte ich meine alten Freundinnen treffen. Sie unternahm Ausflüge mit uns und organisierte ein Zeltlager, und einmal, als ihre Helferin einen Asthmaanfall hatte und nicht schlafen konnte, blieb sie die ganze Nacht mit ihr wach.«

BECKY WINNING

Heute bin ich Zeuge, wie meine Frau in gleicher Weise für unsere Tochter sorgt, wie für mich als Kind gesorgt wurde, es ist eine Art Déjà-vu der Naikan-Prüfung meiner Mutter gegenüber. Und das gilt auch für meinen Vater. Ich stehe jetzt gleichsam auf der anderen Seite und verstehe sehr viel besser, wie viel Energie, Zeit und Mühe und wie viel Liebe nötig sind, sich um ein Kind zu kümmern, das in jeder Beziehung vollständig von der Umwelt abhängig ist. Und wenn ich darüber nachdenke, ist das eine noch immer zutreffende Beschreibung von mir. Die Mutter, die mich aufzog, lebt weit weg von hier, aber ihre Aufgaben sind von anderen übernommen worden: von meiner Frau, meinen Freundinnen und Freunden, meinen Lehrerinnen und Lehrern, dem Supermarkt, dem Garten, den Menschen, die unten an der Straße frischen Apfelmost herstellen, und der Person, die ich anrufe, wenn der Computer nicht funktioniert. Ich werde noch immer bemuttert, noch immer versorgt. Aber es gab diese eine Frau, die mich als kleine Pflanze in die Welt setzte und sich vergewisserte, dass ich Wurzeln bildete, bevor ich mich selbst verpflanzen konnte. Sie verdient es, dass ich mich an all die ermüdenden und langweiligen Dinge erinnere, die sie für mich getan hat. Um deine Dienste zu ehren, Mutter, werde ich heute die Wäsche zusammenlegen.

Ein Muttertagsbrief

Liebe Mutter,
ich hoffe, dass es dir gutgeht und dass deine Rückenschmerzen nachgelassen haben. Ich bin froh über die Gelegenheit, dich nächste Woche zu sehen – ein verspätetes Treffen zum Muttertag, und ich freue mich auf meinen Besuch.
Ich lege dir ein Foto von den niedlichen Rotkehlchen-Jungen aus dem Nest in unserem Garten bei; die Aufnahme stammt aus dem letzten Jahr. Es war faszinierend, die drei

hellblauen Eier zu entdecken und zu beobachten, wie die Jungen nach und nach schlüpften. Wenn ich an das Nest trat und einen Vogelschrei nachahmte, ruckten sie mit ihren Köpfchen hoch und rissen die Schnäbel auf. Sie haben mich sehr an mich selbst erinnert. Sie waren noch blind, aber ihre automatische Reaktion bestand nur aus dem, was sie wollten. Ihre Eltern haben sie eifrig versorgt und waren ständig auf der Suche nach Futter. Ich glaube nicht, dass diese Rotkehlchen so schwierige Kinder waren wie ich damals, und es hat nicht lange gedauert, bis sie alt genug waren, ihrer Wege zu ziehen. Vielleicht bauen sie ja im Frühling ein Nest und ziehen ihre eigenen Jungen groß.

Als ich mit siebzehn auszog und mit dem College anfing, fühlte ich mich so befreit. Nichts auf der Welt war mir wichtiger, als von zu Hause wegzukommen. Vielleicht ging es den Rotkehlchen genauso. Ich habe viele Jahre gebraucht, um zu begreifen, welche Liebe und Fürsorge du für mich aufgebracht hast. Ich habe mir die kleinen Rotkehlchen angesehen, und mir wurde klar, dass ich genauso hilflos war wie sie. Ich habe den Start ins Leben geschafft und bin in unserem Heim/Nest gesund aufgewachsen, weil für mich so gut gesorgt wurde. Du hast selten, vielleicht nie ein Wort des Dankes dafür gehört, dass du für mich gekocht hast, das Haus in Ordnung gehalten, mir Kleidung gekauft und sie gewaschen hast, du hast mir Musikunterricht ermöglicht und bist meinetwegen zur Arbeit gegangen. Von mir hast du meistens nur Meckereien gehört, oder ich habe mich lautstark gemeldet, wenn ich etwas wollte.

Danke für deine Geduld, deine Liebe und Fürsorge in diesen ersten siebzehn Jahren meines Lebens. Danke, dass du mir etwas zu essen gemacht hast, wenn ich vom Basketballtraining nach Hause kam. Danke, dass du mein Kla-

vierspiel gefördert hast. All das, was du konkret für mich getan hast, ist ein Teil von mir geworden.
Wenn ich einen Aufsatz schreibe, einen Vortrag halte oder Pflanzen setze, bist du bei mir und in dem, was ich tue.
Wenn ich mich über einen herrlichen Sonnenuntergang freue oder einen Salat zubereite, bist du im Inneren dabei.
Deine Erbanlagen und die deiner Eltern haben dazu beigesteuert, dass ich körperlich gesund bin. Als du mich geboren hast, war das vielleicht offensichtlicher als heute, aber es gilt heute noch genauso, auch wenn mein Nest inzwischen ganz woanders ist.
Ich werde weiterhin gut versorgt und führe ein sehr glückliches Leben. Da, wo du aufgehört hast, hat das Leben die Regie übernommen, und ich habe Nahrung, Schutz, Kleidung, Sonnenuntergänge, reine Luft und frisches Wasser, eine liebe Frau, einen Hund und das Glück, das alles schätzen zu können, wenn ich mich nicht in Gedanken daran verstricke, was ich nicht habe und nicht bekomme.
Es ist wie bei den jungen Vögeln: Wenn ich immer mehr will und nur meinen Schnabel aufreiße, dann ist es schwer, die Augen offen zu halten. Danke, dass du mir das Leben ermöglichst hast und dass du daran teilhast.
Ich wünsche dir von Herzen alles Gute zum Muttertag.
Mein Dank gilt dem Flugzeug, den Piloten, Mechanikern, Ingenieuren, Fabrikarbeitern, den Leuten in der Reiseagentur, den Fluglotsen, den Flugbegleiterinnen, den Köchen, Schweißern, Elektrikern und tausend anderen, die es mir möglich machen, dich nächste Woche zu besuchen.
Wie nett von ihnen, dass sie uns wieder zusammenbringen. Niemals wirklich flügge geworden, bleibe ich für immer mit anderen verbunden.

In Liebe dein Sohn

Selbstreflexion und Dienen

Die Christen sprechen von der Liebe Gottes, die Buddhisten des »Reinen Landes« vom Schwur oder Gelöbnis* des Buddha Amida.

Die Existenz allmächtiger Wesenheiten wird in der Naikan-Praxis weder behauptet noch geleugnet, hingegen werden die irdischen Manifestationen von Mitgefühl, Liebe und Hingabe in den Vordergrund gestellt. Auf dieser Ebene trifft sich Naikan mit den Grundsätzen von Christentum, Buddhismus, Islam, Judentum, Hinduismus und auch denen der Agnostiker. Die Evidenz einer höheren Macht liegt auf der Hand, aber diese zu ergründen ist jeder und jedem selbst überlassen.

Vertrauen wir unser Schicksal einem höheren Wesen an, wenden wir uns möglicherweise so sehr der geistigen Quelle der Fürsorge zu, dass wir die Tatsache aus den Augen verlieren, wie sich diese Fürsorge im täglichen Leben verwirklicht. Wenn wir uns darin vertiefen, an den Geist des Baumes zu »glauben«, dann übersehen wir vielleicht seine Früchte und den Schatten, den er täglich spendet. Bedenken wir, was seine Früchte und sein Schatten für uns bedeuten, dann wächst unsere Dankbarkeit und mag uns anregen, andere in ihrem Wachstum zu unterstützen.

* ... alle Wesen zu erlösen und in das »Reine Land« zu bringen, einer Art Vorstufe des Nirwana. (Anm. d. Übers.)

In jedem Moment unseres Lebens sind wir von Fürsorge und Anteilnahme umgeben. Selbst im Schlaf dient uns eine bequeme Matratze; eine Decke wärmt uns; ein Dach sorgt dafür, dass wir trocken bleiben. Und anders herum betrachtet: Wenn wir uns um jemanden kümmern, eine Pflanze gießen, den Hund ausführen oder einen freundlichen Brief schreiben, sind wir dann nicht auf die gleiche Weise Teil des Ganzen? Wir sind also nicht nur umgeben von Liebe, Fürsorge und Anteilnahme, sondern wir dienen selbst als Mittel, damit es anderen ebenso geht. Die Liebe, Fürsorge und Anteilnahme des ganzen Kosmos kann sich ohne materielle Manifestation nicht verwirklichen, und es existiert nichts, das nicht als Ausdruck dieser universellen Liebe dienen könnte.

Albert Schweitzer sagt: »Wir sind erfasst von Gottes Willen zu lieben, und wir müssen dazu beitragen, diesen Willen in die Welt zu tragen, in kleinen wie in großen Dingen, im Bewahren wie im Vergeben. Freudige Werkzeuge von Gottes Liebe in dieser unvollkommenen Welt zu sein ist die Aufgabe, zu der wir berufen sind.«

An einem sonnigen Tag Schatten zu spenden, ohne Stolz und Prahlerei, das ist das Wesen des Baumes. Wie vortrefflich! Können wir unsere eigene wahre Natur entdecken, unsere einzigartige Rolle im Netzwerk des Lebens, ohne den Beigeschmack von Stolz und Überheblichkeit?

Boot-i-sattvas

In Häfen wie dem von New York kann man ein besonderes Beispiel von Dienen und Anteilnehmen beobachten, inszeniert wird es von kleinen mechanischen Seewesen. Ich nenne sie Boot-i-sattvas, abgeleitet von der buddhistischen Bezeichnung *bodhisattva*. Bodhisattvas sind Wesen von großer Weisheit und großem Mitgefühl, die es sich zur Aufgabe gemacht haben, anderen zu dienen und zu helfen – in gewisser Weise ähneln sie christlichen Heiligen. Es heißt, dass sie freiwillig darauf verzichten, ins Nirwana einzutreten, um andere auf dem Weg dorthin zu unterstützen. Die kleinen, sich auf dem Wasser tummelnden Boot-i-sattvas, die ich meine, sind keine geheimnisvollen religiösen Wesen. Sie sind kleine, starke, seetüchtige Fahrzeuge, gewöhnlich nennt man sie Schleppschiffe.

Ihre Aufgabe ist es, anderen Schiffen zu helfen, darin besteht der Sinn ihres Daseins. Sie eilen hierhin und dorthin, im Hafen und in den angrenzenden Gewässern, um Schiffen Beistand zu leisten, die allein nicht weiterfahren können. Sie geleiten Linienschiffe, Frachter und Tanker zum Dock. Sie schleppen mit Abfall gefüllte Lastkähne und unterstützen schwimmende Kräne. Sie lotsen Schiffe vom Meer in den Hafen, andere geleiten sie hinaus, und sie helfen sich gegenseitig, wenn sie in Not geraten. Und das bei jedem Wetter. Schnee, Hagel und Sturm sind ihnen zwar lästig, können sie aber nicht von ihrer Arbeit abhalten. Viele Schleppschiffe sind rund um die Uhr im Einsatz, es sind dann zwei Mannschaften an Bord, die sich im Schichtdienst ablösen.

Sie bewältigen ihre Arbeit scheinbar mühelos. Es liegt eine besondere Anmut darin, wenn sie einen 50 000-Tonnen-Frachter ohne ersichtliche Anstrengung ziehen. Wie ist es möglich, dass so kleine Dinger derartige Riesen lenken und geleiten? Die Antwort ist, sie sind stark und weise. Ihre Stärke steckt in ihren Motoren – sie bestehen aus fast nichts anderem. Die meisten Schiffe, die sie begleiten, tragen große Mengen an Ladung, die Boot-i-sattvas hingegen haben nichts dergleichen an Bord. Wenn man seine Last loswird, ist es leichter, anderen dabei zu helfen, die ihre zu tragen. In dieser Hinsicht haben sie mehr Kraft als die größten Frachtschiffe.

Die Weisheit steckt in der Erfahrung der kleinen Besatzung. Sie kennen ihr Gebiet, wissen, wo die Fahrrinne am tiefsten ist und wo Untiefen drohen, sie kennen die Strömungen und die Gezeiten. Man kann diese Dinge in Büchern nachlesen, aber die Weisheit der Besatzung stammt nicht aus Büchern, sondern aus der Erfahrung. Die Anmut, mit der die Schleppschiffe schieben und ziehen, ist ein Produkt ihrer Stärke und ihrer Weisheit.

Dabei ist ihre Arbeit weder leicht noch gefahrlos, Schleppschiffe können schnell sinken. Sie liegen sehr tief im Wasser, können leicht unter die Wasseroberfläche gezogen werden und sind nicht wie die großen Schiffe innen durch Schotten abgesichert. Geraten die anderen in Not, so werden sie mit hineingezogen, und ihr eigenes Wohlergehen und ihre Sicherheit sind in Gefahr.

Im Jahre 1966 kollidierten im Hafen von New York zwei Tanker. Einer von beiden war mit Naphtha betankt, einem hochentzündlichen Rohölprodukt. Aus allen Teilen des Hafens kamen die Boot-i-sattvas zu Hilfe. Das Naphta lief aus einem Loch im Bug des Tankers aus, entzündete sich, und das Schiff und das Wasser ringsum standen in Flammen. Dutzende von Schleppschiffen manövrierten durch das Inferno und sammelten Besatzungsmitglieder auf, die von dem brennenden Schiff gesprungen waren. Eines der Schleppschiffe, die »Esse Vermont«, wurde von den Flammen erfasst und explodierte, die

gesamte Besatzung kam ums Leben. Der größte Teil der Tankerbesatzung wurde jedoch von den mutigen kleinen Schleppern gerettet. Sie schafften es, die Tanker voneinander zu lösen, und zogen sie von der Anlegestelle fort, wo eine Explosion ein nur zweihundertfünfzig Meter entferntes Öllager erfasst hätte.
Einer der Schlepper bei dieser Rettungsaktion, die »Julia C. Moran«, erhielt später eine offizielle Auszeichnung des Handelsministeriums, aber das ist eher die Ausnahme. Der größte Teil der Leistung der Boot-i-sattvas bleibt unbemerkt und unbelohnt. Sie tuckern ruhig heran, machen ihre Arbeit, und dann geht es weiter zum nächsten Schiff. Manchmal gibt es zwischen den Schiffen etwas aus dem Wasser zu fischen, einen Vogel, einen Hund oder einen Menschen.
Voller Überraschung habe ich entdeckt, in welchem Umfang die Schleppschiffe mein Leben beeinflussen. Die meisten der großen Frachter können ohne sie nicht am Dock anlegen, sie sind dafür zu behäbig, und je langsamer sie fahren, desto manövrierunfähiger werden sie. Dafür, dass die Fracht auch ihr Ziel erreicht, sind Schleppschiffe also unabdingbar. Zur Fracht gehören Autos aus Japan und Europa, Bananen aus Mittelamerika und Öl aus dem Mittleren Osten, Kleidung und Elektronikartikel aus Hongkong und Wolle aus Neuseeland. Viele Importwaren kommen per Schiff zu uns, und die meisten Schiffe werden, hier wie in ihrem Heimathafen, von den kleinen Boot-i-sattvas geleitet und gezogen.
Wenn ich heute den New Yorker Hafen auf der Fähre von Staten Island durchquere und aus der Ferne eines der kleinen Schleppschiffe erblicke, muss ich lächeln. Manchmal winke ich sogar. Wenn mich überhaupt jemand von der Mannschaft bemerkt, dann denkt er wahrscheinlich, ich möchte nur ein »Hallo« hinüberwinken, aber in Wirklichkeit sage ich damit »danke«. Ich habe Hochachtung vor diesen kleinen Schiffen, und ich sehe sie

als meine Lehrer an. Wenn ich ihr Wirken beobachte, dann denke ich daran, wie ich selbst durch die Strömungen und Fahrwasser des Lebens geleitet und gezogen werde. Boot-i-sattvas: Man kann sie nicht immer sehen, aber sie sind allgegenwärtig.

Genza, der Myokonin

Zu Beginn des zwanzigsten Jahrhunderts gab es in Japan einen spirituellen Lehrer namens Tenko Nishida. Er lehrte die Menschen Bescheidenheit und Dienst am Nächsten. Man konnte ihn und seine Nachfolger oft beim Reinigen öffentlicher Toiletten antreffen, eine der niedrigsten und schmutzigsten Arbeiten, die man sich denken kann. Im Jahre 1923 hielt er einen Vortrag in einem Bergdorf in der Tottori-Präfektur. Ein Bauer namens Genza, aus einem Dorf in der Nähe, wollte zu diesem Vortrag kommen, verpasste aber den Zug. Als er eintraf, war der Vortrag eben zu Ende.

Als Tenko von Genzas Pech hörte, ließ er ihn zu sich kommen und sagte: »Ich hörte, dass Sie einen langen Weg auf sich genommen haben, um mir zuzuhören. Es tut mir leid.«

»Sie sind es, der einen langen Weg auf sich genommen hat, um zu uns zu sprechen. Sie müssen müde sein. Erlauben Sie, dass ich Sie massiere«, antwortete Genza.

Als Genza Tenkos Schulter massierte, fragte er ihn nach dem Thema des Vortrags.

»Es ging um Folgendes: Wenn wir älter werden, neigen wir zur Ungeduld, und da müssen wir unseren Ärger unterdrücken und anderen gegenüber Nachsicht üben, denn diese haben ihre eigenen Sorgen«, sagte Tenko.

Genza antwortete: »Bis heute bin ich noch niemandem mit Nachsicht begegnet, denn ich bin es, dem gegenüber man stillschweigend Nachsicht üben sollte.«
Tenko verstand Genzas Bemerkung nicht und bat um nähere Erklärung. Genza sagte mit leiser Stimme: »Ich war noch nie in der Position, anderen mit Nachsicht zu begegnen, denn immer war ich derjenige, der unrecht hatte. Ich war der, dem man etwas nachsehen musste.«
Es heißt, dass Tenko sehr beeindruckt war. Selbst dieser Mann, der die Ideale von Dienen und Demut verkörperte, war von der Antwort des einfachen und bescheidenen Bauern betroffen. Als ich diese Geschichte hörte, war auch ich betroffen – betroffen zu erkennen, wie oft sich mein Geist von dem Genzas unterscheidet. Statt mich zu prüfen, rechtfertige oder rationalisiere ich normalerweise mein Verhalten. Ein Beispiel: Im Laufe der Jahre haben sich meine Ernährungsgewohnheiten geändert, aber zu jedem Zeitpunkt war ich der Ansicht, mich »richtig« zu ernähren. Wenn Menschen ungesunde Dinge zu sich nehmen, denke ich: »Sie sollten etwas Besseres essen. Sie achten nicht gut auf ihren Körper.« Ich denke das, obwohl ich mich jahrelang genauso ernährt habe. Und den Lebensstil von Menschen, die sich gesünder ernähren als ich, halte ich für unflexibel oder übertrieben. Welch einen Gegensatz zu Genzas lakonischem und demütigem »Ich habe niemals recht!«.
Der Genza dieser Geschichte ist ein *myokonin,* ein japanischer Ausdruck für die gläubigsten Anhänger des »Reinen-Land«-Buddhismus; manchmal übersetzt mit »wundervoll guter Mensch«. Anders als die weisen und tapferen »Helden« anderer Schulen sind *myokonin* oft Bauern, deren Leben ein Bekenntnis zu Glauben, Demut und Einfachheit darstellt.

Nick Callie: Ein Korb im Wind

Ein Sommertag, ich bin draußen, ein sanfter Wind weht, ich werde gebeten, einen ziemlich verwitterten Korb mit Farbe zu besprühen, er soll als Pflanzenübertopf dienen. Ich schüttele die Dose, um Treibgas und Farbe miteinander zu vermischen, und spüre den Wind, der mir ins Gesicht weht. Mir kommt in den Sinn, die Windrichtung zu überprüfen, und ich sprühe kurz zur Probe, um sicherzugehen, dass ich mit der Farbe auch den Korb treffe und nicht mich selbst.

Ich lege den Korb auf dem Gartentisch auf die Seite, richte den Strahl innen gegen den Boden, dann sprühe ich nach unten, die Innenseite entlang, ich sprühe und drehe den Korb so lange, bis ich glaube, dass die Farbe innen deckt. Ich stelle den Korb aufrecht und fahre fort, schüttle die Dose zwischendrin gelegentlich und mache weiter, bis die Außenseite fertig ist. Ich bemerke, dass die Farbe ziemlich schnell aufgesogen wird, und warte nur kurz, bis ich den Korb erneut auf die Seite lege und den Boden von außen besprühe. Ich hatte also von oben bis unten gesprüht, die Unterseite und rundherum, war ziemlich zufrieden mit mir und meiner Arbeit, trat zurück und betrachtete mein Werk.

Ein stärkerer Windstoß fegte meinen Korb vom Tisch in das Gras und das Laub. Ich bückte mich, hob ihn auf, betrachtete ihn von allen Seiten und schaute nach, ob Blätter oder sonst etwas an der feuchten Farbe klebten. Durch den Fall hatte sich das Flechtwerk des Korbes ein wenig verschoben, und jetzt waren zahllose Stellen aufgetaucht, die völlig unberührt von Farbe waren. Ärgerlich ergriff ich die Spraydose, schüttelte sie energisch, hielt sie fest wie eine Waffe auf das Ziel gerichtet und stöhnte dann laut auf, als ich vernahm, wie das letzte Gas die Dose verließ und mir klar wurde, dass die Farbe alle war ...

Nick Callie war einer meiner ersten Schüler, der sich der aktiven (Morita-Therapie) und der reflexiven (Naikan) Anteile des »Constructive Living« widmete. Den obigen Text schrieb er nach einem Tag, der unter dem Motto »Ein Tag achtsamen Lebens« stand. An diesen Tagen versuchen wir, in alle unsere Handlungen besondere Achtsamkeit und Aufmerksamkeit zu legen.

Nick Callie starb im Juli 1990. Er tat einige wichtige Dinge für mich, die mir heute noch hilfreich sind: Er entwarf beispielsweise das Design für mein Hörkassetten-Programm *Gute Arbeit leisten* und ein spezielles Morita/Naikan-Logo für mein Briefpapier. Er war ein begabter Künstler und ein anspruchsvoller Schüler, von dem ich vieles lernte.

Der von Nick mit Farbe besprühte Korb steht im Wohnzimmer neben meinem Meditationskissen. Bald nachdem Nick damit fertig war, habe ich eine kleine Pflanze hineingestellt. Die Pflanze blüht, genährt von Sonne, Wasser und Luft und hat in Nicks Korb ihr Heim gefunden. Sein Tod erinnert mich daran, dass auch mir einmal die Farbe ausgehen wird. Ich werde den letzten Atemzug tun, mein Leben aushauchen, und die Leihgabe meines Körpers wird für immer »leer« sein. Nicks Text, sein Leben und sein Tod dienen mir als Inspiration, mein Leben in vollen Zügen und aufmerksam zu leben, mich hineinzugeben in das, was ich tue, und den Rest meiner Farbe zu nutzen, um kleine Stellen in der Welt zu reparieren und damit einen kleinen Ausgleich für die Freude zu leisten, dass mir noch etwas vom Leben bleibt. Danke, Nick, für alles, was du getan hast. Du lebst in dem, was du gegeben hast, weiter.

Ausblick

Vor vielen Jahren hielt ich mich in New York auf, um dort zu unterrichten und mit Schülerinnen und Schülern zu arbeiten. Ich verbrachte die meiste Zeit auf Staten Island, wollte jedoch einmal mit der Fähre über den Hudson nach Manhattan fahren. Die Überfahrt ist herrlich, sie führt direkt an der Freiheitsstatue vorbei. Ich konnte an Bord frühstücken und dabei zusehen, wie Staten Island schrumpfte und sich veränderte. Ich erinnerte mich daran, dass ich noch wenige Minuten zuvor auf den Bus zur Fähre gewartet hatte. Dort an Land war mir Staten Island nicht wie eine Insel vorgekommen, sie war lediglich eine Gegend wie andere auch. Dass sie eine äußere Form hatte und von Wasser umgeben war, war nirgends zu erkennen. Doch als ich zurückblickte, nahm ich das wahr. Aus einiger Entfernung betrachtet, wurde mein Bild von Staten Island vollständiger.

Am anderen Ende meiner Reise befand sich Manhattan, wiederum eine Insel. Als wir näher kamen, wuchsen die Gebäude in die Höhe, und ich konnte die verschiedenen Baustile und Formen besser erkennen. Aber etwa sechs Minuten vor der Landung am unteren Ende von Manhattan passierte etwas Seltsames: Die Insel von Manhattan begann sich zu drehen. Haben Sie das schon jemals beobachtet? Das ist ein ganz außergewöhnlicher Anblick! Alles änderte sich und verschob sich,

neue Bauten tauchten auf, die zuvor von anderen, davorstehenden verdeckt worden waren. Manchmal erschien ein vollständiges Gebäude, manchmal nur eine Ecke, und auch die größten Wolkenkratzer änderten sich und zeigten sich von einer neuen Seite. Von einer sich drehenden Insel gibt es viel zu lernen.
Das alles geschah, weil die Fähre einen scharfen Bogen nach Osten vollzog. Mehr bedarf es nicht, um eine ganze Insel zu drehen, eigentlich eine ganze Welt: Eine kleine Wendung bringt ein großes Kunststück zustande. Wenn wir stehen bleiben, wo wir sind, können wir sicher neue oder andere Dinge entdecken, aber unser Blickwinkel bleibt unverändert. Sind wir jedoch bereit, uns ein kleines Stück zu bewegen, erlangen wir die Kraft, eine ganze Welt zu drehen. Und dabei mag sich Erstaunliches offenbaren.
Auch wenn wir zu unserem Ausgangspunkt zurückkehren sollten, werden wir niemals vergessen, was wir gesehen haben.

Eine letzte Betrachtung

Ich schrieb dieses Kapitel zehn Jahre vor der Tragödie, die am 11. September 2001 das World Trade Center zerstörte und Tausende von Menschen das Leben kostete. Das Kapitel handelt von Inseln, aber eigentlich gibt es keine Inseln, sondern nur das eine alles verbindende Netz des Lebens. In dem Kapitel wird die Freiheitsstatue erwähnt, doch es gibt keine Freiheit, solange wir in unserer egozentrischen Sichtweise verharren und leugnen, welchen Einfluss jeder und jede Einzelne von uns auf die Welt besitzt. Diese Welt, die wir alle vorübergehend bewohnen, fordert uns heraus wie nie zuvor. Wir sind dazu aufgerufen, Hoffnung zu finden, Vertrauen zu entwickeln und Freude zu erleben, selbst inmitten von Verzweiflung und Angst. Möge jeder und jede von uns die Weisheit und den Mut erlangen, das eigene Leben aufrichtig zu betrachten, seine/ihre wahre Bestimmung zu entdecken und nichts weniger zu vollbringen, als eine ganze Welt zu drehen. Fangen wir damit an. Sehen Sie zu, dass Sie die Fähre nicht verpassen.

Gregg Krech, 1. November 2001

Vorbemerkungen zu Naikan und Psychotherapie

Detlev Bölter

Für diejenigen, die sich für Naikan als therapeutische Methode interessieren, stellt Gregg Krech im letzten Teil dieses Buches die Unterschiede zu den westlichen Konzepten und Methoden der Psychotherapie heraus. Professionelle Helferinnen und Helfer begegnen einer neuen Sichtweise ihrer beruflichen Identität. Nicht wenige Therapeutinnen und Therapeuten, mich eingeschlossen, mögen in Naikan eine Therapieform erkennen, die vielen traditionellen westlichen Psychotherapien etwas voraushat. Naikan wirft psychologische Theorien, Konzepte und Veränderungsmethoden über Bord, weil es sich nicht mit dem Teil der Person beschäftigt, der die Probleme letztlich in uns angehäuft hat und zum Therapeuten trägt.

Naikan interessiert sich nicht für unsere emotionalen Probleme, sondern fügt aus der Perspektive des realen Geschehens eine andere Sichtweise hinzu. Im besten Fall ersetzt die neue Sichtweise die alte, doch zumindest kann ich dank Naikan entscheiden, welche Sicht der Probleme, Ereignisse, Personen und Dinge ich einnehmen möchte. Der im Westen geschulte Therapeut, gewöhnt an komplexe Persönlichkeitsmodelle und differenzierte Konzepte für Veränderungen und daran anknüpfend auch daran gewöhnt, selbst eine bedeutende Rolle bei Veränderungen des Klienten zu spielen, sieht sich in einer völlig anderen Position, er ist »nur« der Begleiter eines Prozesses der Selbstreflexion des Klienten.

Dieses Buch richtet sich an ein breites Publikum, und deshalb geht der Autor nicht im Detail auf die psychologischen Hintergründe des Naikan-Prozesses ein. Tatsächlich ist Naikan ein Weg, der aus der tiefen spirituellen Einsicht seines Begründers Ishin Yoshimoto direkt in die Praxis mündete und nicht auf einem Persönlichkeitsmodell beruht, wie wir es von westlichen Therapien kennen. Naikan ist in dieser Hinsicht mit Zen verwandt – dort befasst man sich ebenfalls nicht mit Theorien und Konzepten über die eigene Lebensgeschichte, sondern verweist auf die Praxis. Deshalb mag man nach westlichem Maßstab sowohl in diesem Buch als auch in anderen Publikationen über Naikan eine gewisse theoretische Lücke feststellen. Diese Lücke trägt dazu bei, dass Naikan von den etablierten Schulen im Westen bisher nicht akzeptiert wird. Dabei bietet Naikan faszinierende Annäherungsmöglichkeiten, beispielsweise in Bezug auf bestimmte Teile der systemischen Therapie oder der kognitiven Verhaltenstherapie.

Naikan steht allerdings der Philosophie näher als westlichen Psychotherapiekonzepten, und von daher hat es auch ohne die sogenannten wissenschaftlichen Grundlagen westlicher Therapie Bestand. Naikan kann zur Wiederbelebung jener Spiritualität beitragen, die Sigmund Freud geächtet hat und die seither aus dem akademisch-therapeutischen Denken verbannt ist. Die Psychoanalyse ist der Ansicht, dass Naikan eine Wiederannäherung an die voraussetzungslos gebende Mutter der frühen Kindheit und somit eine Regression in kindliche Abhängigkeit fördert als Wiedererweckung des narzisstischen Wunsches nach Geborgenheit. Richtig daran ist zweifellos, dass Naikan ermöglicht, das unendliche Geben, die grenzenlose Verbundenheit mit allem und die Unbedingtheit der Liebe zu sehen, aber nicht als narzisstische Regression, sondern als transzendentale Erkenntnis. Naikan hat nichts mit neurotischen Verschmelzungsphantasien zu tun, die auf die Person der eigenen Mutter zielen, sondern ist ein Weg der Erkenntnis einer sowohl faktischen wie auch transpersonellen Verbundenheit allen Lebens.

Das Fehlen einer wissenschaftlichen Fundierung von Naikan ist also nicht etwa ein Mangel, der dem Buch anzulasten wäre, sondern ein klares Bekenntnis zur spirituellen Seite von Naikan. Es fordert uns dazu heraus, das Analysieren und Theoretisieren zu beenden und zu sehen, was uns die Welt außerhalb unserer ichbezogenen Sicht zu bieten hat und was wir für sie tun können, als Therapeutin/Therapeut und als Klientin/Klient.

Anmerkungen für therapeutische Berufe: Naikan und Psychotherapie

Die Inhalte dieses Buches stehen in starkem Kontrast zu den meisten Vorstellungen, Methoden und Theorien, die wir in traditionell westlich orientierten Werken zum Thema psychische Gesundheit finden. Falls Sie beratend tätig sind, bedenken Sie bitte die Implikationen dessen, was Sie hier gelesen haben, für die Begleitung der Menschen, die Sie um Hilfe bitten. Wenn Sie nach der Lektüre dieses Buches zu dem Schluss kommen, einiges davon in Ihre Arbeit integrieren zu wollen, dann machen Sie sich bitte mit den folgenden Themen vertraut, denn wenn Sie einen neuen Weg für sich und Ihre Klientinnen und Klienten einschlagen wollen, werden Sie einigen Herausforderungen begegnen.

Naikan wurde in Japan, Europa und den Vereinigten Staaten erfolgreich bei klinischen Störungen eingesetzt, insbesondere bei Alkoholismus, Drogenabhängigkeit, im Bereich der Ehe- und Familientherapie, der Rehabilitation von Straftätern, bei kindlichen Verhaltensauffälligkeiten und Arbeitsplatzproblemen. Ich habe auch bei Menschen mit Depression, Phobien und sogar Arbeitsstörungen dramatische Veränderungen durch Naikan beobachten können. Naikan ist hervorragend geeignet, um Gemeinschaften zu festigen – in der Familie, am Arbeitsplatz oder wo auch immer Menschen zusammen sind und sich gegenseitig unterstützen möchten. Wenn Sie in irgendeinem dieser Fälle Naikan anwenden möchten, müssen Sie Ihre vertraute Arbeitsweise aufgeben. Im Folgenden finden Sie sechs kritische Bereiche, in denen sich Naikan vom traditionellen Verständnis therapeutischer Arbeit unterscheidet:

1. **Traditionell:** *Gefühle stehen im Mittelpunkt.*
   Naikan: *Fakten stehen im Mittelpunkt.*

Viele psychotherapeutische Methoden betonen die Rolle der Gefühle. In den therapeutischen Sitzungen kommt ihnen ein besonderes Gewicht zu, oft werden sie als Maßstab für psychische Gesundheit angesehen und als Basis für das Treffen von Entscheidungen. Naikan befasst sich mit dem faktischen Geschehen. Falls Sie zum Geburtstag ein gebrauchtes Fahrrad bekommen, ist das eine Tatsache, unabhängig davon, wie es Ihnen damit geht. Egal, ob Sie sich unterwegs im Auto über Äußerungen Ihrer Frau geärgert haben, Tatsache ist, dass Ihre Frau Sie zur U-Bahn-Station gebracht hat. Eine Psychologin, die eine Naikan-Woche absolvierte, hatte einige Tage zu kämpfen, bis sie plötzlich erkannte. »Hier geht es darum, was tatsächlich passiert ist!«

Naikan will nicht die Bedeutung unserer Gefühle schmälern. Es geht nur darum, dass unsere Gefühle uns häufig derart beanspruchen, dass wir das faktische Geschehen nicht mehr wahrnehmen. Naikan verschafft uns ein klareres Bild von dem, was andere unseretwegen getan haben (Frage 1), und von unserem Verhalten anderen gegenüber (Fragen 2 und 3). Es ermöglicht uns, unser Leben zu sehen, ohne dass unser Blick von flüchtigen Gefühlen getrübt oder verfälscht wird. Wir versuchen die Wirklichkeit so wahrzunehmen, wie sie ist.

2. **Traditionell:** *Erneut erleben, in welcher Weise man früher verletzt oder schlecht behandelt wurde.*
Naikan: *Erneut erleben, in welcher Weise man früher versorgt und unterstützt wurde.*

Viele therapeutische Ansätze gründen auf der Annahme, dass dem erneuten Durchleben von Verletzungen und Schmerz aus der Vergangenheit eine entscheidende heilende Kraft zukomme. Die Verwendung des Begriffs »Opfer« hat exponentiell zugenommen, und die Herausforderungen und Schwierigkeiten unserer Vergangenheit werden zu Traumata umbenannt. Die Grundannahme lautet, dass wir diese Traumata irgendwie neu durchleben, mit unseren Gefühlen (zum Beispiel Wut) wieder in Berührung kommen und uns dann von ihnen befreien, um gesund zu werden. Allerdings gibt es kaum Anzeichen für die Gültigkeit dieser Theorie und umso mehr Hinweise darauf, dass sie unzutreffend ist. Es gibt eine Studie über Überlebende des Holocaust, die Terrence des Pres in seinem Buch *The Survivor* erwähnt. Diese Studie zeigt »die großartige Fähigkeit der Menschen, zerrüttete Leben, Karrieren und Familien wiederaufzubauen, selbst wenn sie die bittersten Erfahrungen durchstehen mussten.« Anton Antonovsky, der sich mit dem gleichen Thema befasste, schrieb: »Eine nicht unbeträchtliche Anzahl von Überlebenden aus Konzentrationslagern erwies sich als unauffällig ... Was verlieh diesen Frauen die Kraft, trotz ihrer Erfahrungen das aufrechtzuerhalten, was ihnen nicht nur ein normales Leben ermöglichte, sondern ihnen sogar die Fähigkeit verlieh, glücklich zu sein?« Über Geiseln gibt es ähnliche Forschungsresultate. Der Schluss liegt nahe, dass das erneute Durchleben schmerzlicher Erinnerungen uns nicht mehr einbringt als neuen Schmerz. Naikan liefert ein entgegengesetzt geartetes Rezept: Erleben wir erneut, wie sehr wir von anderen geliebt und versorgt wurden! Warum sollten wir das tun? Einer der Gründe liegt darin, dass es uns einen Kontext zu unseren eher problematischen Erfahrungen liefert, der von Tatsachen handelt. Das bedeutet nicht, dass wir unseren Schmerz verleugnen sollen, aber wir versuchen, diesen Schmerz in einem größeren Zusammenhang zu sehen, indem wir die Erfahrungen der Liebe und Fürsorge hinzunehmen. Ich kenne einige Fälle, in denen sich in der Kindheit sexuell missbrauchte Menschen mit ihren Erfahrungen versöhnten, als sie die ganze Fürsorge wiederentdeckten, die sie als Kind erhalten hatten. Die Liebe und Fürsorge waren ebenso eine Tatsache wie der Missbrauch. Fast immer, wenn ich innehalte und mein Leben im gegenwärtigen Moment betrachte, sehe ich mich auf unendliche Weise unterstützt, angefangen von dem Stuhl, auf dem ich sitze, bis hin zu der Luft, die ich atme. Jeder Versuch, die Wahrheit über unsere Vergangenheit herauszufinden, sollte zu einem möglichst exakten Bild führen – einem Bild, das alles umfasst, nicht nur den Schmerz.

3. **Traditionell:** *Der Therapeut bestätigt den Klienten in seinen Erfahrungen.*
   Naikan: *Der Therapeut hilft dem Klienten, die Erfahrungen anderer zu verstehen.*

Üblicherweise beginnt eine Therapie damit, dass die Therapeutin die Erlebniswelt der Klientin verstehen lernt und sie darin bekräftigt. Im Extremfall ist es der Therapeutin so wichtig, die Erfahrungen der Klientin zu bestätigen, dass beide das wirkliche Geschehen völlig aus den Augen verlieren. Nehmen wir an, ich hätte eine Glatze, würde aber unaufhörlich darüber reden, wie sehr die Leute meine prächtigen Locken bewundern. Wenn ich wirklich etwas über mich erfahren möchte, dann brauche ich niemanden, der mir gegenübersitzt und mir voller Einfühlung zustimmt. Ich brauche stattdessen jemanden, der mir einen Spiegel vor die Nase hält und sagt: »Sieh hin! Du hast überhaupt keine Haare auf dem Kopf!« Wenn ich dann hinsehe, kann ich etwas Nützliches über mich lernen. Natürlich suchen die meisten von uns bei anderen nach Verständnis, aber es liegt mehr Integrität in dem Versuch, sich selbst zu verstehen und andere zu verstehen. Haya Akegarasu, ein buddhistischer Priester, sagt: »Sich selbst zu verstehen, andere zu verstehen – dazu sind wir sehr wohl in der Lage. Wenn wir uns selbst und andere verstehen, dann können wir gar nicht anders, als in unserem Leben neue Wege zu beschreiten. Aber ob die anderen uns verstehen oder nicht – das spielt keine Rolle, das ist deren Sache.« So betrachtet, ist es vielleicht gerechtfertigt, die Aufgabe eines Therapeuten darin zu sehen, dem Klienten zu einem Verständnis anderer zu verhelfen.

Naikan fordert uns auf, das Verständnis für andere in der Frage zu suchen: »Welche Probleme und Schwierigkeiten habe ich anderen bereitet?« Um das zu beantworten, müssen wir uns in die Lage der anderen versetzen. Was bedeutet es für meine Frau, mit mir verheiratet zu sein? Was heißt es für meinen Kollegen, mit mir zusammenzuarbeiten? Mit der aufrichtigen Prüfung dieser Frage beginnt unser Verständnis für den anderen, und oft verhilft sie uns zu einer neuen Beurteilung einer Situation. Wir wissen, wie die Lage aus unserer egoistischen Sicht aussieht, doch die Selbstreflexion verschafft uns eine neue Brille, mit der wir die Dinge aus der Sicht des anderen betrachten. Wir sind damit auch in der Lage, in das Herz eines anderen Menschen zu sehen, und das ist die Grundlage, andere zu verstehen und mit ihnen zu fühlen.

4. **Traditionell:** *Anderen die Schuld an den eigenen Problemen geben.*
Naikan: *Verantwortung für unser Handeln übernehmen und für die Probleme, die wir anderen bereiten.*

Es tut gut, jemanden zu treffen, der einen Fehler begeht und sagt: »Tut mir leid, ich habe etwas falsch gemacht.« Wenn ich einem solchen Menschen begegne, betrachte ich ihn sogleich als jemanden, von dem ich etwas lernen kann. Zu oft geschieht es, dass wir einen Fehler begehen und jemand anderen dafür verantwortlich machen. Heutzutage ist es auch modern geworden, die Verantwortung einem chemischen Schaltfehler unseres Gehirns anzulasten. Wenn Menschen einen Therapeuten aufsuchen, beginnen sie häufig damit, ihre Probleme anderen in die Schuhe zu schieben, aber das eigentliche Problem entsteht erst dann, wenn der Therapeut dem kein Ende bereitet. Schließlich können wir andere Menschen nicht verändern, und wenn wir in ihnen die Ursache unserer Probleme sehen, dann leben wir in Wut, Ärger und Enttäuschung über diese Menschen weiter. Ein vielversprechenderer Ansatz besteht darin, dass die Beraterin den Klienten anleitet, die Verantwortung für seine Handlungen selbst zu übernehmen, insbesondere für die Verhaltensweisen, die egoistischen Motiven entstammen und anderen Probleme bereiten. Wenn wir uns nur darauf konzentrieren, welche Probleme die anderen uns bereiten, werden wir nie dazu kommen, unser Verhalten zu überprüfen und Verantwortung für das zu übernehmen, was wir anderen antun.

Naikan fordert uns zur aufrichtigen Einschätzung unserer Handlungsweisen auf und dazu, Verantwortung insbesondere für jene Verhaltensweisen zu übernehmen, die für andere eine Quelle von Unannehmlichkeiten, Schwierigkeiten oder Leiden darstellen, auch wenn das nicht immer leicht ist. Der Therapeut kann uns die Richtung zeigen und uns sachte auf die Sprünge helfen, wenn wir uns wieder einmal darin verstricken, andere zu beschuldigen und zu verurteilen.

5. **Traditionell:** *Die Therapeutin analysiert und interpretiert die Erlebnisse der Klientin.*
   Naikan: *Die Therapeutin stellt der Klientin eine strukturierte Methode zur Selbstreflexion zur Verfügung.*

Kennzeichnend für die meisten westlichen Therapieverfahren ist, dass die Therapeutin analysiert und interpretiert. Träume werden aufgeschlüsselt und ergeben einen Sinn, Gefühle werden hervorgeholt und geklärt. Bleibt die Kooperation der Klientin aus, wird dies als Widerstand ausgelegt. Alles in allem spielt die Therapeutin eine herausragende Rolle bei der Suche der Klientin nach Einsicht und Verständnis.
Auch im Naikan geht es um Einsicht und Verständnis, aber die Rolle der Therapeutin ist eine völlig andere. Zu Beginn erklärt sie der Klientin die Methode und bestätigt deren Wert, indem sie betont, welche Rolle sie in ihrem eigenen Leben spielt. Sie gibt Empfehlungen, wem gegenüber und in welchem Lebensabschnitt die Klientin sich prüft, schafft dadurch Struktur und macht die Form der Begleitung deutlich. Teilt die Klientin ihre Selbstbetrachtung mit, hört sie aufmerksam zu und gibt im Allgemeinen wenig oder keinen Kommentar zu den Inhalten. Ihre fachliche Autorität, ihre Fähigkeiten und ihre Sachkenntnis stehen nicht zur Debatte, denn die zugrunde liegende Annahme lautet, dass Einsicht, Verständnis oder Veränderungen der Sichtweise in jedem Fall ein Ergebnis der Selbstreflexion der Klientin darstellen und nicht der Analyse oder Interpretation der Therapeutin.
In mancher Hinsicht verhält sich die Naikan-Therapeutin wie die Forschungsleiterin einer Untersuchung, welche die Klientin

zu ihrem Leben vornimmt. Aus ihrer eigenen Naikan-Erfahrung heraus kennt die Therapeutin einige der Fallstricke des Prozesses, aber hauptsächlich wacht sie gespannt darüber, wie sich der Prozess entfaltet, und erlaubt der Untersuchenden, ihre eigenen Schlussfolgerungen zu ziehen.

6. **Traditionell:** *Die Therapie verhilft dem Klienten zu höherem Selbstwertgefühl.*
   Naikan: *Die Therapie verhilft dem Klienten zu höherer Wertschätzung des Lebens.*

Eine der häufigsten Fragen zu Naikan ist, ob es nicht ein niedrigeres Selbstwertgefühl zur Folge hat. Die Frage ist durchaus berechtigt, denn wir können ja zu dem Schluss kommen, dass wir mehr bekommen, als wir gegeben haben, und uns zudem der Probleme bewusst werden, die wir anderen bereitet haben. Es mag uns klarwerden, dass wir nicht genug getan haben, oder wir mögen uns sogar schuldig fühlen, und das kann unserem Selbstwertgefühl durchaus einen Schlag versetzen.

Tatsächlich ist das Selbstwertgefühl im Naikan kein Thema, wenigstens nicht im eigentlichen Sinn. Stattdessen sind zwei andere Sachverhalte von Bedeutung: die Notwendigkeit, ein korrektes Selbstbild zu entwickeln, und das Bedürfnis, die Welt, die uns umgibt zu schätzen.

Wenn wir die Wahrheit über unser Leben erkennen wollen, dann muss diese Wahrheit einen höheren Stellenwert erhalten als die Selbstzufriedenheit. Der Naikan-Therapeut dient dem Klienten bei der Suche nach der Wirklichkeit, und unser Selbstbild sollte dem Leben, das wir führen, direkt entsprechen. Wenn ich anderen bedeutende Dienste geleistet habe, meine Zeit, mein Geld und meine Aufmerksamkeit darauf verwendet habe, anderen zu helfen, dann sollten sich diese Tatsachen in meinem Selbstbild widerspiegeln, nicht weil ich mich dann gut fühle, sondern weil es eben Tatsachen sind. Doch wenn ich anderen geschadet oder sie getäuscht oder wenn ich Entscheidungen aus rein egoistischen Motiven gefällt habe, dann sind das ebenso Tatsachen, die sich in meinem Selbstbild wiederfinden sollten.

Die Naikan-Reflexion verschafft uns ein akkurateres Selbstbild. Wir denken, dass wir unsere potenziellen Möglichkeiten nicht verwirklichen, und machen dafür eine Reihe von emotionalen und psychischen Störungen verantwortlich. Ich hingegen behaupte, dass für die meisten von uns das Problem eher darin besteht, dass wir uns überschätzen. C. S. Lewis weist auf diese Einsicht hin:

»Wir sagen gern und glauben es auch, dass eine schlechte Angewohnheit nur eine Ausnahme, nur ein Einzelfall ist, und wir machen den gleichen Fehler, nur andersherum, wenn wir über unsere Tugenden sprechen – ganz wie der schlechte Tennisspieler, der seine normale Fähigkeit als ›miese Tagesform‹ bezeichnet und seine seltenen Siege als ›normal‹.«

Letztlich bietet Naikan etwas viel Wichtigeres als Selbstwertgefühl, nämlich die Wertschätzung des Geschehens in unserer Welt. Der Naikan-Therapeut hilft uns, dieses Geschehen wahrzunehmen, und wir erfahren die Fülle dieser Welt, die uns bisher verschlossen geblieben ist. Wir lernen unsere Grenzen kennen, werden bescheidener und entwickeln tiefen Respekt vor der Beständigkeit, Zuverlässigkeit und dem Segen all der Menschen und Dinge, die unser Alltagsdasein unterstützen.

Wenn Therapeutinnen und Therapeuten Naikan in ihrer beruflichen Arbeit nutzen möchten, dann besteht ihre erste Aufgabe darin, selbst beständig Naikan zu praktizieren. In einem von Techniken beherrschten Gesundheitssystem ist Naikan dann am effektivsten, wenn es dem Therapeuten zum natürlichen

Lebensinhalt gerät. Der Erfolg in der Anwendung von Naikan hängt von der persönlichen Erfahrung der Therapeutin ab; ihr Wert als Begleiterin durch den Weg der Selbstreflexion basiert auf ihrer Selbstverpflichtung, dass diese Selbstreflexion ein beständiger Teil ihres eigenen Lebens ist. Sie können an Retreats teilnehmen und finden möglicherweise ein Angebot für eine formale Ausbildung; das sind wesentliche Grundlagen, aber es gibt keinen Ersatz für die fortlaufende Praxis. Und denjenigen unter Ihnen, die sich in Therapie befinden oder dies erwägen, lege ich nahe, sich über die Grundannahmen des Weges zu informieren, der Ihnen angeboten wird. Auch wenn einige professionelle Therapeuten uns glauben machen möchten, dass Psychologie eine Wissenschaft sei, ist sie vielmehr eine Philosophie. Wählen Sie Ihre Philosophie ganz bewusst. Vergewissern Sie sich, dass Ihre Psychotherapie Ihre persönlichen Werte einbezieht, wie Sie Ihr Leben gestalten möchten. Wenn Ihnen Ihre spirituelle oder religiöse Tradition wichtig ist, stellen Sie sicher, dass Ihre Therapie deren Prinzipien unterstützt und Sie nicht von ihnen entfernt.

Unser Leben entfaltet sich von Augenblick zu Augenblick. Können wir das wahrnehmen, finden wir darin große Weisheit – solch ein Pfad führt uns zur Wirklichkeit. Wie sollten wir sonst unseren Weg nach Hause finden?

Literatur

Abbot John, »The Wisdom of the Desert: Sayings from the Desert Fathers of the Fourth Century«, New York: New Directions, 1960

Green, Ron, and Gregg Krech, »Mirror of Buddha: The Contemplative Practice of Naikan«, in: Morreale, Don (Hrsg.): »The Complete Guide to Buddhist America«, Boston: Shambhala, 1998

Hartl, Josef, und Johanna Schuh, »Die Naikan-Methode«, Wien: Ki-Verlag, 1998

Ishii, Akira, und Shaku Yoko Josef Hartl, »Das Wesen von Naikan«, Wien: Ki-Verlag, 2000

Joko Beck, Charlotte, »Every Day Zen«, deutsch: »Zen im Alltag«, München: Droemersche Verlagsanstalt Th. Knaur Nachf., 2000

Krech, Gregg, and Linda Anderson, »A Finger Pointing to the Moon: A Workbook for Establishing Direction and Focus in Daily Life«, Middlebury: ToDo-Institute, 1996

Kusano, Makato, »Naikan Therapy for Alcohol Dependency: Its Mechanism of Action«, Constructive Living Quaterly, 2, (1) 1994

Lewis, Thomas, »The Lives of a Cell: Notes of a Biology Watcher«, New York: Bantam Books, 1974

Merton, Thomas, »Love and Living«, New York: Bantam Books, 1965

Müller-Ebeling, Claudia und Gerald Steinke (Hrsg.), »Naikan – Versöhnung mit sich selbst«, Bielefeld: J. Kamphausen, 2003

Reynolds, David K., »A Handbook for Constructive Living«, New York: William Morrow, 1995

Reynolds, David K., »Naikan Psychotherapy: Meditation for Self-Development«, Chicago: Univ. Chicago Press, 1983

Reynolds, David K. (Hrsg.), »Flowing Bridges, Quiet Water: Japanese Psychotherapies, Morita and Naikan«, Albany: SUNY Press, 1989

Reynolds, David K, »The Quiet Therapies«, deutsch: »Die stillen Therapien«, Essen: Synthesis, 1994

Rumi, »We Are Three: New Rumi Poems«, Athens: Maypop Books, 1988

Shundo Aoyama, »Zen Seeds«, deutsch: »Pflaumenblüten im Schnee«, Berlin: Theseus, 1995

Shunryu Suzuki, »Zen Mind, Beginner's Mind«, deutsch: »Zen-Geist, Anfänger-Geist«, Berlin: Theseus, 1999

Takemoto, Takahiro, »Naikan and Alcohol Dependence: A Case Study«, Constructive Living Quaterly, 2 (1), 1994

Yoshimoto, Ishin, »NAIKANHO E NO GO-ANNAI« (eine Einführung zu Naikan, jap.), Nara, Japan: Naikan Training Center, 1973

Weitere Literaturhinweise und Informationen finden Sie im Internet bei:
www.naikan.de
www.naikan.com
www.naikido.at
www.todoinstitute.com
www.boelters.de

Naikan-Kontaktadressen

Deutschland:

Naikan Zentrum
Gerald Steinke
Bremer Landstraße 34
27412 Tarmstedt
Tel.: 042 83 20 04 / 042 83 12 68
Homepage: www.naikan.de
E-Mail: info@naikan.de

Österreich:

euro naikan center
Naikan-Zentrum
Franz und Maria Ritter
Triftstraße 81
A-2821 Lanzenkirchen
Tel.: 0043 (0) 26 27 45 102
Homepage: www.naikan.com
E-Mail: ina@naikan.com

Naikido-Zentrum Wien
Josef und Helga Hartl
Neulerchenfelder Straße 65/W1+2
A-1160 Wien
Tel.: 0043 (0) 40 50 513
Homepage: www.naikido.at
E-Mail: office@naikido.at

Naikan-Zentrum Salzburg
Roland Dick
Goldgasse 19
A-5020 Salzburg
Tel.: 0043 (0) 66 28 41 665
Homepage: www.naikan.at
E-Mail: roland.dick@naikan.at

Schweiz:

NAIKIDO Informationsstelle Schweiz
Max Mohn
Jägerweg 27
CH-3600 Thun
Tel. und Fax: 0041 (0) 33 22 36 349

USA (Zentrum des Autors):

ToDo Institute
Gregg Kech
P.O. Box 874
Middlebury, Vermont 05753
USA
Homepage: www.todoinstitute.com
E-Mail: todo@together.net